UNIVERSITY OF NORTH CAROLINA
STUDIES IN THE ROMANCE LANGUAGES
AND LITERATURES

ADENET LE ROI'S
BERTE AUS GRANS PIES

EDITED WITH INTRODUCTION, VARIANTS AND GLOSSARY

BY

URBAN T. HOLMES, JR.

CHAPEL HILL

NUMBER SIX   1946

Copyright 1946
By University of North Carolina
Chapel Hill, N. C.

To M. G. H.

TABLE OF CONTENTS

	Page
INTRODUCTION	7
TEXT	21
VARIANTS	86
TABLE OF PROPER NAMES	99
GLOSSARY	102

PREFACE

In 1935 it was suggested to me by Louis Brandin that I should prepare the edition of *Berte aus grans piés* which had been projected by the late D. S. Blondheim. This was confirmed by Mario Roques of Paris, who proposed to publish it in his Classiques français du moyen-âge series. The work was completed and sent to France in 1938, but before any arrangements for printing could be made France was at war. The *Berte aus grans piés* is an excellent poem, the finest epic of the 13th century, and the publication of a new edition should not be delayed any longer. Ten years have already elapsed since I myself first undertook the edition. Accordingly we are offering this as an American publication, confident that Louis Brandin would approve of the plan. Although advanced in years Professor Brandin gave faithful and strenuous service to the British Broadcasting Corporation in 1939, and his death at that time may be counted as one of the casualties of the Second World War.

The series in which this edition is now appearing does not have much money to spend. This will account for some of the shortcuts and inadequacies which may disturb critics. On the other hand I am not a great believer in some of the elaborate apparatus and often excessive notes which have come to be considered necessary in recent years.

I wish to acknowledge with thanks several grants in aid which have been made to me by the University of North Carolina for this present publication. The Library of Congress and the Johns Hopkins University have been generous in lending their photostat copies of the manuscripts. Miss Rosalyn Gardner has been most helpful in aiding our adaptation into English of the manuscript sent to France. Above all I want to thank Professor E. B. Ham for his detailed and expert criticism. Much that is best in this edition is based upon his suggestions. Professor W. M. Dey has, as always, been of the greatest assistance.

U. T. H. Jr.

August 14 1945

INTRODUCTION

I. AUTHOR.—

Adam or Adenet ("little Adam"), the author of *Berte aus grans piés*, was born about 1240, in the province of Brabant. He himself is our authority that he was reared, and encouraged in his training by "le bon duc" Henri III of Brabant.[1] When the Duke lay on his death-bed in 1261 he ordered the doors of his room to be flung wide open, permitting all those who so desired to file past his bed. Adenet says that he was there.[2] The two sons of the old Duke, Jean and Godfrey, continued their father's patronage.[3] Probably in 1269 the poet passed to the service of Gui de Dampierre at the court of Flanders. Doubtless it was there that Adenet acquired the surname of Roi des menestrels, a title given to the chief minstrel of the local guild of *jongleurs*. For this reason we call him Adenet le Roi.[4]

Adenet followed Gui de Dampierre, his new protector, almost immediately on the Eighth Crusade (1270-71). The army assembled at Aigues Mortes and arrived on the African coast July 18, 1270. It is probable that Adenet remained with the fleet, seeing very little of Africa and of the fighting, and yet he says later:

> Si en refiert un autre qui fu nés de Garsoing
> Qui siet de la Arrabe, seur l'aigue de Marsoing.
> (En la terre ai esté, pour ce le vous tesmoing) ;[5]

Garsoing and Marsoing are imaginary names. Adam means only that he had set foot on Saracen territory.

After mid-November the wretched crusaders returned to Trapani in Sicily. From this point on the itinerary of Gui de Dampierre is easily learned from his book of accounts. On January 19, 1271, his party landed in Calabria; they then went by way of Monteleone, Nicastro, and Cosenza, to Naples, where they arrived on February 20th. By April 11th they were in Florence, whence they proceeded to Prato, Bologna, Modena, Reggio, Parma, Milan, Novarra, Verceil, Ivree, and Aosta. They crossed the Saint Bernard Pass on May 11th, passing on to Lausanne, Dôle, Bar-sur-Aube, Provins, and finally to Paris.

We seek to find evidence that Adam accompanied Gui de Dampierre during his stay in Italy. There are items which show that Gui paid to "Adan le menestrel" 5 sous 8 denier on the route from Palermo to Messina, 6 sous 8 denier at Messina, and 20 sous at Catania.[6] Paulin Paris suggested that these payments were made to another poet, Adam de la Halle,[7] but we are better informed today on the dates of this second minstrel. It was Adenet le Roi, not Adam de la Halle, who was with Gui in Sicily and these items must certainly refer to him. Adenet le Roi makes two vague references to Naples in his Cleomadés:

> Je croi qui a Naples iroit
> K'encor le cheval trouveroit   (vv. 1689-90)

and

> Bien savez que Vergiles fist
> Grant merveille quant il assist
> .ii. chastiaus seur .ii. oes en mer . . .
> A Naples le dist on ainsi.
> Encor est la l'autres chastiaus
> Qui en mer siet et bons et biaus;
> Si est li oes, c'est verités;
> Seur quoi li chastiaus est fondés   (vv. 1649ff.)

These are not conclusive; but it is probable that Adenet was in Naples, with his patron. We know that Adenet remained in Gui de Dampierre's service for a long time thereafter. He says at the close of the *Cleomadés* (dated ca. 1282):

> Et Diex gart le bon conte Guion
> De Flandres ... Et certes, se a lui n'estoie (vv. 18, 645ff.)

Gui's accounts indicate that Adenet received wages from him in 1275 and 1276.[8] Still more important, on November 8, 1297, at Ghent, on the occasion of a visit to Gui de Dampierre by Edward I of England, Adenet received from that King a precious gift:

> Firmaculum aureum pretii LX s. datur per Ricardum vidulatorem regis, nomine regis, Adae menestrallo comitis Flandriae, apud Gand, .viii. die novembris.[9]

This is the last notice that we have of Adenet, and we may conclude that he died around 1300, in about his sixtieth year. Gui, his patron, was taken prisoner by the king of France in 1300; he died in 1305.

In 1274, Marie, a daughter of Adenet's former protector, Henri III of Brabant, married Philip III of France. She was fond of pleasure and kept a gay court. Among her intimates was Blanche, the sister of King Philip, who lost her husband, Ferdinand of Castille, in 1275. Adenet composed his *Cleomadés* at their request, and seemingly it was Blanche who furnished him some details on the topography of Spain.[10] The Arsenal manuscript 3142 has an illumination which shows Adenet reading to these two ladies, with another figure standing by whom P. A. Becker takes to be Godfrey d'Arschot, one of the two sons of Henri III of Brabant. Becker assumes from this that in 1275 Adenet still held some service with the court at Brabant.[11] Probably Adenet never broke definitely with either Brabant or the Court of Flanders. We need not assume therefore, as Becker does, that Adenet was not in residence at the royal court in Paris before 1280. We know that he visited frequently the library of the Monastery of Saint Denis,[12] doubtless during the '70's. A minstrel was a free agent and privileged to move about among those patrons whom he pleased and who allowed him grants of money. As Becker says, Adenet may even have served for a brief time Robert of Artois.

II. WORK.—

At the beginning of the *Cleomadés* Adenet says:

> Je qui fis d'Ogier le Danois
> Et de Bertrain qui fu ou bois,
> Et de Buevon de Commarchis,
> Ai un autre livre rempris   (vv. 5-8).

All of these poems are preserved today and published with the titles: *Enfances Ogier, Berte aus grans piés, Bueves de Commarchis,* and *Cleomadés.*[13] The first was a rehandling of the twelfth-century *Chevalerie Ogier le Danois.* The *Bueves de Commarchis* is based upon the *Siege de Barbastre,* also of the twelfth century. The source of *Berte* is lost; the *Cleomadés* was original with Adenet. More than forty years ago Arthur Bovy made a critical study of these four poems and, where possible, he indicated how Adenet had used his source: what he added of his own, his versification, and the choice of language. He concluded that Adenet added very little to the plots; his originality was limited to revision of the verse scheme (tensyllable changed to alexandrines), to change of emphasis in the episodes, and to expansion of dialogue.[14]

The *Cleomadés* is the only one of these poems that we can date with any certainty: it was composed between 1275 and 1282, probably towards the end of this period.[15] We can make a guess on the dating of *Berte aus grans piés.* Adenet is our authority that he saw the original of this in the Library of Saint Denis "A l'issue d'avril" on a Friday (*Berte* vv. 1-14). It is not likely that Adenet did much travelling, as far as Paris, before his visit there in the train of Gui de Dampierre in 1271; but, in that year, the returned Crusaders did not reach the capital before late in May. This gives 1272 as a probable *terminus a quo.* In this poem Adenet has some vigorous remarks on the injustices of the royal *taille* in France (vv. 1475ff; vv. 1577-78).[16] Would he have indulged in such language after the marriage of his patroness Marie to the king of France? If not, here is a *terminus ad quem* of 1274. We could say, therefore, that the *Berte aus grans piés* was written between 1272 and 1274. There is something else of use in this connection: the meaning of *l'issue d'avril*. If taken as a precise term this would mean that in the year Adenet began the *Berte* the last day of April was a Friday. It is more probable that the last two or three days were included in *l'issue d'avril*. April 30 was as follows in the years indicated:

        1271   Thursday
        1272   Saturday
        1273   Sunday
        1274   Monday
        1275   Tuesday
        1276   Thursday
        1277   Friday

If Adenet visited Saint Denis on a Friday, *a l'issue d'avril*, in the period 1272-1274, it is likely that this was in 1272, or possibly in 1273.

Another monk of Saint Denis, Dans Nicholas de Rains, gave Adenet access to the originals of *Bueves* and of the *Enfances Ogier*. The *Enfances Ogier* (vv. 8226-28) is dedicated to Queen Marie, so it must be later than 1274. As Dans Nicholas was, perhaps, the librarian at that time, having replaced Savari (?) we may assume provisionally that the *Bueves de Commarchis* was later than the *Berte aus grans piés*. It is likely that Adenet composed a considerable quantity of lyric verse that has been lost, or which is extant anonymously.

III. THE LEGEND OF BERTHA.—

No one is inclined to doubt that a *chanson de geste* dealing with the story of *Berte aus grans piés* existed before that of Adenet. It is probable that it existed as early as the twelfth century. Edmond Faral has cited a document of the close of that century where it is a question of a poet named Robert who composed such an epic: Perque pedem Berte, quia tu versificaris aperte.[17] Godfrey of Viterbo (1189) mentions the wife of Charlemagne: grandis pedi nomine Berta, while making no reference to a poem.[18] The romance of *Floire et Blanchefleur*, dating from this period, says that "Berte as grans piés fu nee ... du roi Floire l'enfant Et de Blancheflor la vaillant" (vv. 7-12). It would mean much if we could recover this earlier epic, to push further the investigation of Adenet's poetic technique. As it is we know somewhat the details and episodes of this primitive version. The Chronicle which passes under the title of *Tote l'istoire de France*, or *La chronique saintongeaise* (1225) gives a brief summary of a lost form of the story, and Gaston Paris was convinced that this represented the lost original used by Adenet.[19] With such possibility in mind we give a summary of the narrative as recorded in this Chronicle.

Berte is the daughter of the king and queen of Hungary. After her wedding to Pepin, her governess (not named) substitutes her own daughter in the marriage bed, and the next day she persuades Berte herself to strike the false bride with a knife. The daughter cries, the old woman rushes in, thrusts Berte from the room, and commands two serfs to kill her. They do not wish to do it and abandon her instead in the royal forest of Maine. She is found by the king's cowherd and is protected by him in his own house for four years. The false Berte has two sons, Remfri and Audri. The mother of the real Berte hears of her supposed daughter's viciousness and she comes to investigate. She discovers the trick; the governess is burned. Later the king goes hunting in the forest of Maine; he loses his men and lodges with the cowherd. He sees Berte and asks concerning her arrival there. Then he asks to sleep with her, and a bed is prepared for them on a cart before the door. (This explains the name of Carolus or Charles. The great emperor was conceived on that night.) Berte has recognized the king, her husband, and consents to all this. During the night the king learns her real identity, which she tells willingly. He returns to Paris and announces the recovery of his wife. In thankfulness he visits Saint Seurin in Bordeaux, and other churches built by his ancestors.

If this is close to the original form of the story reworked by Adenet, it will be seen how Adenet softened the crudity of the night on the cart—also how he introduced the more dramatic recognition scene of Berte by her mother.

Besides this summary in the *Chronique saintongeaise* (T), and the poem by Adenet (A), there are eighteen other literary versions, either complete or fragmentary, of the Berte story. They are:

B   MS 130 in Staatsbibliothek of Berlin. French prose of 15th cent.
C   Version in *Gran Conquista de Ultramar*. Spanish Prose, ca. 1300.
D   In *Deutsche Volksbücher*, ed. A. Bachmann and S. Singer (Tübingen, 1889). 15th cent.
F   Ulrich Fuetrer, *Erzählung*. 15th cent.
G   Girard d'Amiens, *Les enfances Charlemagne*. French verse, after 1300.
H   Heinrich von München, *Chronik*. 14th cent.
M 1 Philippe Mousket, *Chronique rimee* (vv. 1968-2007). ca. 1240.
M 2 Rafael Marmora, *Aquilón de Baviere*. 14th cnet.
M 3 Miracle de Nostre Dame de Berte. 14th cent.
N 1 A fragmentary Dutch version. 14th cent.
N 2 Antonio de Esclava, *Noches de invierno* (1609).
O   *Valentin et Orson*. Romance printed in 1489.
P   MS B. N. fr. 5003, fols. 91-92: *La chronique de France*. 14th cent.
S   Der Stricker, *Karl der Grosse*. Before 1230.
R   *I Reali di Francia*, V, chs. 1-17, ca. 1370.
V   *Berta da li pe grandi*.[20] Cod. Gall. XIII. Marziana, Venice. Beginning of 14th cent.
W 1 *Weihenstephan Chronik*. 14th cent.
W 2 Heinrich Wolter, *Chronica Bremensis* (1463).

A fine study on the origins of the Bertha legend appeared in 1935, by the folklorist Adolf Memmer: *Die altfranzösische Bertasage und das Volksmärchen* (Halle: Niemeyer). This study renders unnecessary a detailed study by us of the interrelationship of these versions. Memmer believes that the variants G, P, M3, B, N1, and R (in part) were derived from Adenet; M2 and R (in part) were based upon V; O came from P; N2 was derived from R. From the lost epic of the twelfth century came T, A, C, V and M1. Possibly this classification is not exact, but it is the best that can be said at present.[21] Our main problem is to determine the origins of the Bertha legend itself, and to conjecture how it came to be treated in the twelfth-century epic which has been lost.

Pio Rajna in his *Origini dell'epopea francese* (Florence, 1884, pp. 199-222) believed that struggle between the two "wives" of Charles Martel passed into oral, and then epic, tradition, and that the *Berte aus grans piés* was a product of this. The names, of course, were transformed: Alpaïs became Berte, and Plectrude became Aliste. Léon Gautier (*Epopées françaises*, III, 11) did not accept this. Gaston Paris, in the final chapter of his *Histoire poétique de Charlemagne* (p. 432 ff) indulged in a rather fantastic symbolism, seeing Berte as a "symbole de l'épouse du soleil" who is a captive during the winter season and then reassumes her rights in the spring. Philip August Becker, Joachim Reinhold, and Joseph Bédier have insisted, on the other hand, that the epic tradition of Berte does not antedate the twelfth century.

The theory proposed by Joseph Bédier goes back to the monastery at Stavelot. He sought to prove that the three *chansons de geste* which are concerned with the youth and origin of Charlemagne: the *Mainet*, the *Basin*, and the *Berte aus grans piés*, originated in the region near Liège and the monastery of Stavelot. According to this explanation the poet of the twelfth-century epic *Berte*, perhaps Robert (?), found in the *Passio Agilolfi*, at Stavelot, mention of Raginfredus (Rainfroi) and Chilpericus (Helpri or Heldri) as mortal enemies of Charles Martel (often confused with Charlemagne). He learned there also that Charlemagne's mother was named

Bertha. He united these details with various folk motifs, chiefly that of the Substituted Bride, and thus composed his poem.²²

Memmer begins with an idea, expressed previously by Voretzsch, Pio Rajna, and Arfert, that the motif of the Substituted Bride was carried from Germany to the region around Liège, in the fourth or fifth century, in the form of the Goose-girl tale.²³ In the ninth century, folklore tradition joined to this the episodes of the struggle of Charles Martel against Rainfroi and Heldri. The circumstances preceding the birth of Charlemagne, and of Charles Martel also, were rather obscure and even "scandalous." Charlemagne was born in 742, seven years before the marriage of his mother Bertha to his father Pepin. Charles Martel was the son of a concubine. These questionable details were merged with the Goose-girl-Charles Martel combination, and the result was an oral tale of the ill fortune of Charlemagne's mother, the birth of the traitors, and the conception of Charlemagne. Memmer, who is not a believer in Bédier's theory of epic origins after 1000, presupposes oral composition in the dim past, while Bédier is certain that the combination was made after 1100, with the help of a written chronicle. According to Memmer the first Bertha epic was written down as a primitive *chanson* between 900 and 1150. The German versions of the story descended from this first primitive poem. They do not have such additions as the abnormal feet, the designation of Berte as a princess of Hungary, the sleeping in the cart, and the localizing of the action in the forest of Maine.²⁴ Robert (?), who added these particulars, based his poem on the primitive one also, composing it in the second half of the twelfth century. Perhaps the author of the *Anseÿs de Mes* also knew the primitive version.

The motif of the abnormal feet is one which has interested many investigators. The abnormality of two large feet is in versions A, B, and M3; it is mentioned briefly in the *Floire et Blancheflor*. One foot only is larger in Godfrey of Viterbo, version R, and possibly in V. Two toes are joined abnormally on each foot in C. It is probable that Robert (?) needed a distinctive trait by which the real Berte could be recognized from her more lowly double. He may have chosen a foot abnormality by chance. This at least was not sufficiently visible to spoil the general appearance of Berte. Grimm, Simrock, Feist, and others believed that a single large foot was in the early version and that this had folk significance. They suggested the tale of Perchta the spinner: the woman who had one foot larger than the other through using it too often on the treadle of a spinning wheel (Motif G 201.1).²⁵ Perchta, or Bertha, the spinner is attested in France in the sixteenth century by the proverb "Ce n'est plus le temps que Berthe filoit"; but this proverb goes back as far as the eleventh century in Flanders.²⁶ Unfortunately Perchta or Bertha could not have had a big foot from using the spinning wheel previous to the sixteenth century; the spinning wheel was not invented until the fifteenth century. The date 1520 is sometimes given. This is decisive. It discards the single big foot of Perchta as a source for that of Berte. There is another woman in Germanic folklore who has one large foot. That is Frau Holle, or Hulda.²⁷ It is not impossible that Robert knew of this folk character, in France, but it is not likely.

There is still another suggestion for this problem of the big foot: its relationship to the image of the Reine Pédauque. Before the main portal of the Cathedral at Mans, at the Cathedral of Toulouse, the Abbey of Nesle (Somme), the Priory of Saint-Pourçain-sur-Sioule, Saint-Cyr de Nevers, and Saint-Bénigne in Dijon, there is a very curious sculptured figure—a queen with one webbed foot, like that of a goose, a *pes aucae*. The best explanation is that of Simrock who said that this represents the Queen of Sheba. In the Sybelline texts of the Middle Ages, the Queen of Sheba is also represented with a swan foot.²⁹ Perhaps Robert saw such a figure— at Le Mans?—and he altered the circumstance slightly to a more normal affliction, one large foot. It would be Adenet, then, who preferred a still more normal singularity: two feet that were rather large.

Robert Triger has discussed in detail a legend which once existed in the

Landes-des-Berçons, to the east of Sillé-lé-Guillaume (Maine), at twenty-eight kilometers north of Le Mans. After the divorce of Queen Bertha by King Robert I, in 1001, she went to live in that region, where she became known for her charity. M. Triger believes that this circumstance helped to localize the legendary Berte in that region of le Mans.[30] Herman J. Green, in his article "The Pepin-Bertha Saga and Philip I of France" published in PMLA LVIII (1943), 911-19, develops essentially this same theme. Green and Triger are doubtless correct in their assumptions.

IV. MANUSCRIPTS.—

Adenet's *Berte aus grans piés* has been preserved in seven manuscripts. They are:

A   Bibliothèque de l'Arsenal, 3142 (13th century); fols. 120v-140v.
B   Bibliothèque Nationale, anc. fond fr. 778 (14th century); fols. 1-22.
C   Bibliothèque Nationale, anc., fond fr. 1447 (end of 13th cent.); fols. 21-66.
D   Bibliothèque Nationale, fr. 12,467 (13th century); fols. 78v-98.
E   Bibliothèque Nationale, fr. 24,404 (14th century); fols. 170r-232r.
F   Bibliothèque de Rouen, 1142 (14th century); fols. 85r-140v.
G   Philipps 6738 at Cheltenham, England (14th century), formerly in the Richard Heber collection.

It has been extremely difficult to sketch a possible relationship of these manuscripts. A and D are very close, but ABCEFG sometimes agree against D; *e.g.*, line 370 where D has *gesir* and the others *dormir;* 2724 where D has *si prist* and the others *si prent*. I postulate, therefore, that an early copy *y* may have been corrected on A. This A is slightly more polished than D although they were both copied from the same predecessor (which, as I will state below, was work done by the same scribe in the same scriptorium). For cases of A and D agreeing against the others see lines 973, 1441, 2217, etc. MS C can be quite independent, and the same is true of G. MSS B, F, and E each have readings of their own, but they agree together often without C and G. We now give a schema, according to custom.

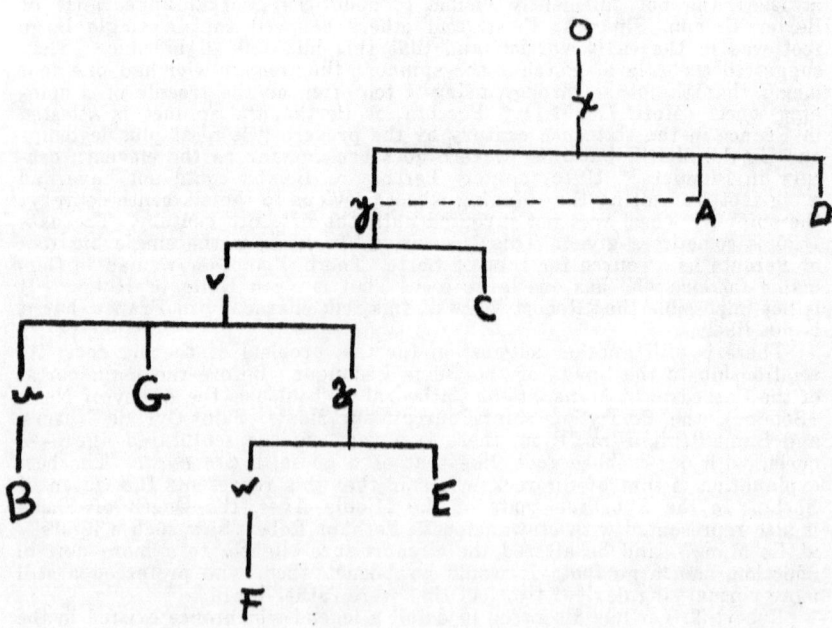

I was able to examine the photostatic copies of all these manuscripts at at one time, with the exception of G, for which I have had only a collation. I was surprised to note that A and D, the two oldest, are clearly by the same hand. This has been confirmed for me by my colleague Professor B. F. Ullman, whose authority as a palaeographer is beyond question. In order to make this evident to the reader we are reproducing the first page of the poem from each of these two manuscripts. The illuminations also, although the work is a little more elaborate in A, are certainly related in design and workmanship. Because of the many instances where D is independent of the group ABCEFG I have assumed that D represents a more independent and perhaps earlier copy. I have chosen D as the basis for the present edition. To render comparison between D and A more simple I have given every A variant, including those of spelling. For the other manuscripts the variants given are only those of words and phrases.

Berte aus grans piés has been edited twice before. The earliest edition was that of Paulin Paris in the series Romans des Douze Pairs, in 1832 and 1836. This edition, *Li roumans de Berte aus grands piés*, is in the reserve section of the Bibliothèque Nationale today. The manuscript base was C. In 1874 Auguste Scheler published in Brussels *Li roumans de Berte aus grans piés*. He knew of all the manuscripts, but he did not use F and G for his variants. His text was prepared from MS A. This edition has become so rare that, on the urging of the late Louis Brandin of the University of London, Professor D. S. Blondheim of the Johns Hopkins University in Baltimore undertook a new text. Before his death, he had made a collection of all the manuscripts in photostat, except G, and one of his students, Miss Stevens, prepared for her master's thesis an edition of the A manuscript with variants. Her results were, of course, very similar to those of Scheler. The work was excellently done, and we wish to thank her for the privilege of comparing her variants with ours, even though our texts are not precisely the same. Miss Gweneth Hutchings of London collated the readings of manuscript G for us; thus our variants are complete. We have resolved all abbreviations and numerals, and have made distinction between *i* and *j*, *u* and *v*. We write the acute accent over all cases of accented -*é* and *és*. We have been sparing in the use of the trema, reserving it chiefly to mark the second element of *aÿ*, *oï*, *oÿ*, *eü* and *uï*, when it bears the accent. We realize that this is contrary to the practice of some editors who make such distinctions as *salüer*, *espoënter*, *loër*, *marïerai*, **trïerai**, *lïement*, *crïés*, etc. Such use of the trema is only of value where beginners are expected to scan the lines without the aid of an instructor. As a rule we have divided such combinations as *de la*, *de ci*, *en sus*, *en porter*, *en mener*, etc., but in cases where it is evident from the spelling that the division should not be made we have retained the compound: *leëns* for *la ens*, *asseür* for *a seur*. The prepositions *desous*, *delés*, *encoste*, *endroit*, *entour* are kept undivided, and we have not separated *trestout*, *tresbien* and *tresgrant* since these were long considered compounds.

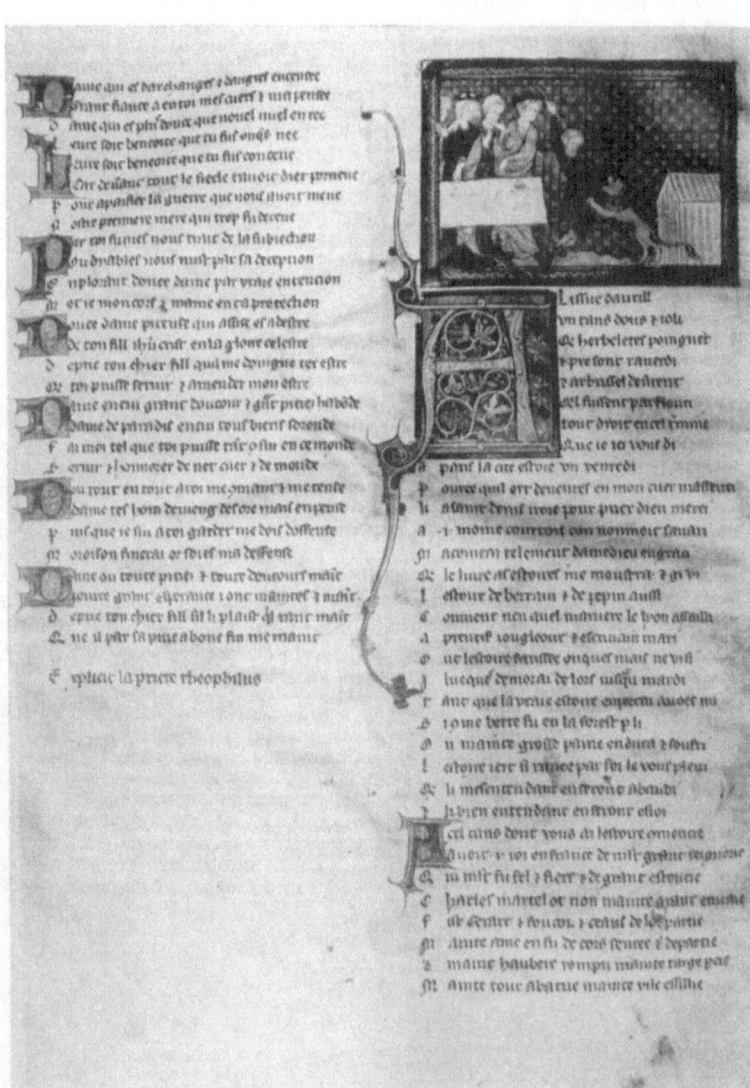

MS D

MS A

V. LANGUAGE AND VERSIFICATION.—

In this poem, as in the *Bueves de Commarchis*, Adenet has employed alexandrine verses in rhymed *laisses*. His longest *laisse* (xlv) is in *-ee* and has 61 lines; the shortest are in *-age* (xxix) and *-ert* (xcii), with ten lines each. The poet has used a pattern of alternation that is effective: after nearly every masculine rhymed *laisse* he follows with the corresponding feminine rhyme. Such a use of feminine rhyme was not possible after the *laisses* in *-aire, -art, -age, -ant, -iés, -és, -ons*, and *-us*[31] This practice is somewhat similar to the alternation of feminine and masculine rhymed couplets which became the vogue in the sixteenth century. Here is the complete table of rhymes in *Berte aus grans piés*:

a	XXV, LXXVII, CVII, CXXII, CXXXI
age	LXIX
ai	VII, LVI
aie	VIII, LVII
ain	XLVIII, LXXII
aine	XLIX, LXXIII
aire	LXVIII
al	XXVI
ale	XXVII
ant	CVI
art	XXII
é	XV, XLIV, LXVI, LXXX, CII, CXIV, CXXV, CXLI
ee	XVI, XLV, LXVII, LXXXI, CIII, CXV, CXXVI, CXLII
el	LXXXIV
ele	LXXXV
ent	IX, XLVI, LXXXII, XCIV, CX, CXXXIII
ente	X, XLVII, LXXXIII, XCV, CXI, CXXXIV
er	III, XVII, XLII, XCVI, CXII, CXXXIX
ere	IV, XVIII, XLIII, XCVII, CXIII, CXL
ert	XXXIV, XCII
erte	XXXV, XCIII
és	CXXI, CXXXII
i	I, LVIII, LXX, LXXXVIII, CVIII, CXVIII, CXXVII, CXLIII
ie	II, LIX, LXXI, LXXXIX, CIX, CXIX, CXXVIII, CXLIV
ié	XXI
ier	XI, XIX, XXXVIII, CXXIX
iere	XII, XX, XXXIX, CXXX
iés	CXX
in	LIV
ine	LV
ir	XIII, LXII, LXXXVI
ire	XIV, LXIII, LXXXVII
is	V, XXX, LXXIV, XCVIII
ise	VI, XXXI, LXXV, XCIX
ist	XC
iste	XCI
it	LII
ite	LIII
o	XXXII
oe	XXXIII
oi	CIV, CXVI
oie	CV, CXVII
oir	LXIV
oire	LXV
ois	LX
oise	LXI
oit	XXVIII, CXXXV
oite	XXIX, CXXXVI
ons	XXIII, LXXVI
u	L, LXXVIII, C, CXXIII, CXXXVII
ue	LI, LXXIX, CI, CXXIV, CXXXVIII

uit   XXXVI
uite   XXXVII
ur   XL
ure   XLI
us   XXIV

There are a certain number of rich rhymes in these *laisses*, especially those made with adverbial ending *-ment*; we find also *s'atire* (394), *a tire* (395), and *s'atire* (396); and *apresté* (1605), *arresté* (1606). There are still others. There are numerous homonyms in rhyme such as *pis* "worse" and *pis* "breast" (798-9), and *piere, Piere* (980-1). We cite these because they support our thesis that Adenet's versification was considerably advanced in complexity, with suggestion of the Renaissance that was to come.

VOWELS.—

Adenet wished to write the literary language of his time, to which he added some peculiarities of northeastern France, from his native district of Brabant.[32] As indicated in the rhyme words, he made frequent use of the feminine past participles in *-ie: ensaignie* (1452), *couchie* (2170), *lie* (1489), *comencie* (22), etc., which rhyme with *-ie* from *-ita*. Furthermore, *ie* from accented *a*, and *ie* from accented open *e* fall together: *mestier* (290), *mengier* (289), etc. The *e* from accented *a* rhymes with *e* from open *e: matere, pere* (140-1).

Regularly, *o* from *ou* from *a + u* rhymes with *o* from *ou* from close *o: clo* (830), *tro* (829), *po* (837), *lo* (835), *vo* (827). The *o* in such exclamations as *haro* (831) and *ho* (833) falls with these. The exact timbre of *oi* is not suggested, but we infer it was pronounced *oè*. Note that *oi* from *ei* rhymes with *oi* from *au + i* as well as with close *o + i: blois* (1495), *chois* (1497), *bois* (1500), *rois* (1490), *sachois* (1503), *memoire* (1598). There is no suggestion of confusion between *ai* and *e*, although this must have existed at that time in Adenet's speech, but *ain* from Latin *en* rhymes with *ain* from Latin *an: sain* from *senu* (1259), *sain* from *sanu* (1260), *paine* (1268), *semaine* (1269).

Fu "fire" (1296), rhymes with *u*. We find *bel* (2060), *pel* (2065) in rhyme with *prael* from *pratale* (2056), which suggests that there was no great tendency towards *beal* and *peal* in the dialect of Adenet. The semi-learned treatment of Latin *-ale* as *-al* is found throughout laisse XXVI. Once only, *o* for *oi* occurs (832).

CONSONANTS.—

It is very difficult to study the pronunciation of consonants from the rhymes. We have found nothing remarkable there. Be it noted that in MS D, which is our base, there is a scribal usage which should be recorded. The scribe's *r* is so weak that he often omits it, in all positions, except, of course, the initial: *ha(r)peres* (295), *atorne(r)* (513), *leu(r), seu(r)* (540), *O(r)lenois* (1513). Similarly, the final *c* falls in *avoe(c)* (2587), and final *f* in *soë[f]* (413). The scribe is not consistent in his distinction between *c* and *ch*, but, in general, he conforms to the literary usage. The final *-nt* of the verb was omitted by the scribe, at times, before a following word beginning with a consonant: *ouvrire(nt)* (447).

MORPHOLOGY.—

The northeastern forms *mi* (3122, 2874, 1702) and *ti* (2142) are found in the rhymes; but *moi* is there also (2494). The possessive forms *vo* (826) for *vostre* and *no* (836) for *nostre* are common. There is a peculiar feminine variant *voe* (863). The *-s* of the nominative case was certainly pronounced: *pensis* (780) rhymes with *lis* "lily" (789).

The prefix *tres*—which began in Romance as a verbal prefix and was spread in Old French to such combinations as *trestout, tresbien* and *tresgrant*, has started its spread in the language of Adenet as an adverb for use with adjectives in general (620, 1229, 1914, 2045). In one instance it modifies a prepositional phrase.

Very unusual are the 2 sg. Preterite forms of *-ir* verbs which are in the

rhyme of laisse XCI: *traiesiste, fesiste, gehiste, mesiste, gariste, empresiste*.
The normal forms would be without the *-te*, as *traiesis, fesis*, etc. Such forms
were wilfully distorted in order to secure rhymes in *-iste*.

Adenet used participles in *-ut* (vv. 1221, 1245, *et passim*), and in *-it* (as
in laisse LII). See P. Fouché, *Le verbe français* (Paris, 1931), 352, 361.

VI. APPRECIATION.—

An interpretative statement about an author and his work is usually in
order from an editor. Adenet approached the peak of his career at a time
when the travelling minstrel and poet, who was dependent for much of his
livelihood upon casual audiences, was finding his *métier* unprofitable. Adenet
was a court servitor, immersed undoubtedly in court politics, and rising to
prosperity by virtue of seniority, ability, and knowledge of people. He
does not seem to have had much independence or originality. Unlike Guillaume Machaut, two generations later, he did not have the creative urge.
But Adenet had a sense of taste and refinement in an age when few men
did, and he was an able narrator. His treatment of the anxiety which
Blancheflor shows as she tries to see her "sick" daughter is handled in
masterly fashion. In a manner equally effective, but this time simple in its
realism, the Queen recognizes her daughter at the house of Symon. Adenet
softened crude details in his models and in a smooth pleasing verse, which,
we hope, was aided by a pleasing voice, he charmed his hearers with out-of-
date genres when they must already have begun to feel growing enthusiasm
for French "*Meistersinger*" with their "occasional verse." I like to associate men of letters with places. I do not want to think of them *in vacuo*.
Beginning with Adenet I have in mind the old Hostel de Neële which, at the
time of the Parisian *taille* in 1292 was already the official residence of
Charles de Valois and the cradle of the Valois dynasty.[33] Years before it had
been occupied by Blanche of Castille, the mother of Louis IX, and, if I may
hazard a guess, I suspect it was inhabited in the 1270's by the widowed
Blanche, the King's sister. If so, Adenet certainly frequented its halls.
In the following century this hostel belonged to Jean, le roi de Bohême, and
Guillaume Machaut dwelt there. In the 15th century it was the town house
of the Duke of Orleans, Charles the Poet. It housed special ambassadors
from Venice just prior to the Italian Campaign, in 1492. Catherine de
Medici tore it down and it became part of the site of the Hostel de Soissons.
The Bourse du Commerce now stands there.

The best poet of the thirteenth century was certainly Guillaume de Lorris.
For sheer melody of verse he is quite superior to Jehan de Meun. We might
ask how near Adenet stands to this company. In my opinion Adenet is
about as close to them as Charles d'Orléans was to Villon, two centuries
later. Adenet's lines are well polished but his inclinations were those of a
rhétoriqueur. He had a fondness for artificiality of rhyme, and a readiness
to distort names, and even verb forms, when it suited his wit. He was a
graceful narrator in verse, vastly superior to other compilers of *chansons
de geste*,; but, after all, genius is so much more than "the transcendent
capacity of taking trouble."

NOTES—

[1] Menestrex au bon duc Henri
Fui. Cil m'aleva et norri,
Et me fist mon mestier aprendre (*Cleomadés*, vv. 18, 579-81).
Henri became duke in 1248; we are assuming that Adenet began his studies
at about that time. This would enable us to place Adenet's birth in the
neighborhood of 1240.

[2] *Cleomadés*, vv. 18,598 ff.

[3] *Ibid.*, vv. 18,657 ff.

[4] Fauchet, in his *Recueil de l'origine de la langue et poésie françoise* (Paris,
1581), p. 194, gives an explanation for the title: "Je croy que le nom de Roy
luy a esté donné, ou pource qu'il fut chef de Menestriez, ou que possible il
fut Heraut & Roy d'armes, du duc son maistre." It is true that Adenet
mentions a total of forty-six *blasons* in his poems, demonstrating unques-

tionably that he was an expert in heraldry. But in view of his poetic profession, it is wiser to assume that he was a *roi des menestrels*.

[5] *Bueves de Commarchis*, vv. 312-14.
[6] Archives de Flandre Orientale, at Ghent. MS. 146.
[7] *Bulletin de la Commission royale d'histoire de Belgique*, IV (1838), 40-42. Baron Jules de St.-Genois publishes here a personal letter from Paulin Paris in which the doubt is expressed.
[8] Archives de Flandre etc., MS. 141.
[9] British Museum, Codd. IV° 6965.
[10] *Cleomadés*, vv. 19-52, 18,531-18,569.
[11] P. A. Becker in *ZfrPh* XLVII (1927), 28-29.
[12] Adenet says that he drew the material for his *Berte* from a "livre as estoires" at Saint Denis shown to him by a monk named Savari (*Berte*, vv. 7-8). In the *Enfances Ogier* the poet says that Dant Nicholas de Rains (vv. 46-47) placed his source at his disposal. This must be the same Dans Nicholas who allowed him to check the *Bueves de Commarchis* in the Library at Saint Denis (*Bueves*, vv. 12-14). It is very probable that these statements are authentic. Why not?
[13] *Les enfances Ogier*, ed. Auguste Scheler (Bruxelles, 1874), xx - 322 p.; *Bueves de Commarchis*, ed. Auguste Scheler (Bruxelles, 1874), xvi - 186 p.; *Li roumans de Cleomadés*, ed. André van Hasselt, 2 vols. (Bruxelles, 1865-66), xxviii - 282 p. and 305 p. There was a very imperfect publication from the *Cleomadés* by le Comte de Tressan, *Cleomadés et Claremonde*, in the *Bibliothèque universelle des dames. Romans*, IX (Paris, 1786), 119-204.
[14] *Ann. Soc. arch. Brux.*, nos. X and XI.
[15] The *Cleomadés* is dedicated to Queen Marie, who married Philip III in 1274, and to Robert II of Artois, ostensibly before his regency in Sicily (1282-89). See the Envoi (vv. 18,677 ff.) and vv. 18,531 ff. of *Cleomadés*.
[16] Cp. also Car gent françoise sont de grant beubancerie (Berte v. 1712).
[17] *Romania* XL (1911), 93-96.
[18] Ed. G. Waitz, in *MHG scriptorum*, XXII, 92, 206 (Hanover, 1872).
[19] *Tote l'istoire de France*, ed. F.-W. Bourdillon (Oxford; London, 1897), avec lettre de G. Paris.
[20] Dr. David Frierson made a study for me, still unpublished, of the Franco-Italian dialects. He says that out of fifty consecutive cases of the article *li*, twenty-seven of them are definitely singular, seventeen are plural, and six cannot be classified with certainty. We are assuming here that *li pe* is singular.
[21] This classification does not differ greatly from that of Joachim Reinhold in the *ZfrPh* XXXV (1911), 1-30, 129-52.
[22] *Les légendes épiques* (3rd ed., Paris, 1929), III, 1-38.
[23] The folk-tale of the *Gänsemagd*, as found in Grimm, has the following motifs: Bride substituted on day of wedding (K 1911.1.1), Blood speaks (D 1003) on a cloth which her mother had given her, as a counseler, Oath of secrecy forced on victim by false bride (K 1933), Magic horse (B 181) given girl by her mother is killed (B 330) by false bride as a precaution, Horse's head set on a wall finally reveals the truth (B 133.3). The motif numbers are taken from Stith Thompson's *Motive Index*, in *Folklore Fellows' Communications*, Nos. 106, 107, 108, 109, 116.
[24] Beside general motif K 1911.1.1 the German versions show also the Quest for vanished wife (H 1385.3), Unexpected meeting of husband and wife (N 741), and the Coming of unknown son to court (N 731.1).
[25] Mt. 501, *FFC* 74. See Johannes Bolte and Georg Polivka, *Anmerkungen zu den Kinder- und Hausmärchen der Brüder Grimm* (2nd ed., 1913-32), I, 109 ff. Cp. also Karl Simrock, *Karolingisches Heldenbuch* (Frankfort, 1855), "Berte la fileuse."
[26] For this proverb in France, see A. J. V. Le Roux de Lincy, *Le livre des proverbes français* (2nd ed., Paris, 1859), II, 28. It occurs first in Egbert von Lüttich's *Fecunda Ratio*, v. 241: "Hoc quoque cum multis abiit, quod Bertheca venit," to which there is a gloss: "proprium nomen operatricis

femine; et cum omnia mundana transeant, etiam suorum operum nihil inconsumptum remansit."

[27] "Bertha die Spinnerin hat wie Frau Holle, einen oder zwei grosse, breite Füsse . . . was auf ältere Uberlieferungen einer 'reine Pedauque' zurückgeht." *Handbuch des deutschen Aberglaubens*, III, 225.

[29] Karl Simrock, *Handbuch der deutschen Mythologie* (6th ed., 1887), 115; Jakob Grimm, *Deutsche Mythologie* (Göttingen, 1854) I, ch. XIII, 5.

[30] *Rev. hist. arch. Maine*, XIII (1883), 174-201.

[31] This versification scheme is discussed by Peckham in *La prise de Defur and Le voyage d'Alexandre au paradis terrestre*, Lawton P. C. Peckham and Milton S. La Du, ed. (Elliott Monographs 35), 1935. pp. xvii, xxix. Girart d'Amiens (pupil of Adenet) seeks to do the same in his *Charlemagne*, which continued the Berte story.

[32] For instance he uses *Diex* for *Dieus* which is a common practice for that region. An anonymous critic who read our text wished this to be corrected to *Dieus* in every case. Why? The *li une* in v. 1360 is a good Picard form.

[33] Not to be confused with the Hostel de Nesles on the left bank of the Seine from which the Tour de Nesles took its name.

SELECTED BIBLIOGRAPHY—

Critical Studies:
    Philip August Becker in ZfrPh XLVII (1927), 28-29.
    Joseph Bédier, *Les légendes épiques*, 3rd ed. (Paris, 1929), III, 1-38.
    A. Bovy in *Annales de la Société d'Archéologie de Bruxelles*, X, XI.
    Russell Keith Bowman, *The Connections of the Geste des Loherains with other French Epics and Mediaeval Genres* (New York, 1940).
    A. Feist, Zur Kritik der Bertasage, *Ausgaben und Abhandlungen* LIX (Marburg, 1885).
    Léon Gautier, *Les épopées françaises*, 2nd ed, (Paris, 1880), III, 7-30.
    Adolf Memmer, *Die altfranzösische Bertasage und das Volksmärchen* (Halle, Niemeyer, 1935).
    Gaston Paris, *Histoire poétique de Charlemagne* (Paris, 1905 reprint) 223-26, 166-69, 184-85, 432-33.
    Paulin Paris in the *Histoire littéraire de France* XX, 675-718.
    Auguste Scheler, *Li roumans de Berte aus grans piés par Adenés Li Rois* (Bruxelles, 1874).
    Robert Triger in *Revue de l'histoire archéologique de Maine* XIII (1883), 174-201.
    Ferdinand Wolf, *Ueber die altfranzösischen Heldengedichte aus dem Karolingische Sagenkreise* (Vienna, 1833), 37-73.

Adaptations into modern prose:
    Gaëtan Hecq, *Berte aux grands pieds* (Bruxelles, 1897). Les Romans du moyen-âge.
    Louis Brandin, *Berthe au Grand Pied* (Paris, Boivin, 1924). Collection médiévale.
    André Rivoire, "Berthe aux grands pieds" in his *Théâtre* (Lemerre, 1922).

BERTE AUS GRANS PIES

I

A l'issue d'avrill, un tans dous et joli,   [78d]
Que herbeletes poingnent et pré sont raverdi,
Et arbrissel desirent qu'il fussent parflouri,
Tout droit en cel termine que je ici vous di,
A Paris la cité estoie un venredi: 5
Pour ce qu'il ert devenres, en mon cuer m'assenti
K'a Saint Denis iroie pour prier Dieu merci.
A un moine courtois c'on nonmoit Savari,
M'acointai telement, Damedieu en graci,
Que le livre as estoires me moustra, et g'i vi   10
L'estoire de Bertain, et de Pepin aussi
Conment n'en quel maniere le lyon assailli.
Aprentif jougleour et escrivain mari
Ont l'estoire faussee, onques mais ne vi si.
Ilueques demorai de lors jusqu'au mardi   15
Tant que la vraie estoire en portai avoec mi:
Si conme Berte fu en la forest par li,
Ou mainte grosse paine endura et soufri.
L'estoire iert si rimee, par foi le vous plevi,
Que li mesentendant en seront abaubi,   20
Et li bien entendant en seront esjoï.

II

A cel tans dont vous ai l'estoire commencie
Avoit un roi en France de molt grant seignorie,
Qui molt fu fel et fiers et de grant estoutie;
Charles Martel ot non, mainte grant envaïe   25
Fist Gerart et Foucon et ceaus de lor partie;
Mainte ame en fu de cors sevree et departie,
Et maint hauberc rompu, mainte targe percie,
Mainte tour abatue, mainte vile essillie.
Puis en fu la pais si et faite et establie   [79a]   30
Qu'il furent bon ami sans mal et sans envie.
Aprés vinrent li Wandre, une gent maleïe,
Qui furent molt grant gent, plain de descreandie;
Puis furent leur gent morte et trestoute essillie.
D'autre chose vous ai la matere acueillie.   35
Entour la Saint Jehan que la rose est florie
Fu rois Charles Martiaus en sa sale voutie,
A Paris la cité ot grant chevalerie;
Ainc n'ot que deus enfans, n'est drois c'on m'en desdie;
L'uns ot non Carlemans, molt fu de bonne vie,   40
Quatre ans fu chevaliers, plains fu de courtoisie,
Et puis se rendi moines dedens une abeïe;
L'autres ot non Pepin, par Dieu le fill Marie,
Cinc piés ot et demi de lonc, plus n'en ot mie,
Mais plus hardie chose ne fu onques choisie.   45
Ou jardin le roi ot mainte table drecie,
Au mengier sist li rois et sa gente maisnie;
D'autre part sist Pepins o la bachelerie.
Leëns ot un lyon norri d'ancisserie,
De plus crueuse beste ne fu parole oÿe,   50
Sa cage ot derrompue et toute depecie,

---

1 Folio and column numbers are given from Manuscript D.

Et son maistre estranglé qui fu de Normendie.
Par le jardin ou ot mainte ente bien fueillie,
S'en venoit li lyons conme beste enragie;
Deus damoisiaux a mors, estrais de Lombardie, 55
Qui aloient jouant seur l'erbe qui verdie.
Charles Martiaus saut sus, que il plus n'i detrie,
Sa fenme en maine o lui, ne l'i a pas laissie,
N'en y a un tout seul n'ait la table guerpie.
Quant Pepins l'a veü, de maltalent rougie, 60
Dedens une chambre entre, n'ot pas chiere esmarie,
Un espié i trouva, fierement le paumie,
Vers le lyon s'en va, ou soit sens ou folie.

III

Quant Pepins tint l'espié, n'i voit plus demorer:
Vers le lyon s'en va, n'ot talent d'arrester; 65
Apertement li va Pepins tel coup donner,
Devant en la poitrine bien le sot assener,
L'espié jusqu'a la croiz li fait ou cors couler.
Par mi le cors li fait le froit acier passer,
Mort l'abat sor la terre, puis ne pot relever. 70
Chascuns i acorut la merveille esgarder;
Charles Martiaus meïsmes keurt son fill acoler
Et sa mere en commence de la joie a plorer:
"Biaus tres douz fils," fait ele, "conment osas penser [b]
Que si hideuse beste osas ains adeser?" 75
"Dame," ce dist Pepins, "on ne doit pas douter
Chose que on ne puist a nul blasme atorner."
Vint ans avoit Pepins, a tant l'oÿ esmer.
En cesti ci matere ne vueil plus demorer,
Parmi la vraie estoire m'en vorrai tost aler 80
Et briement la matere et dire et deviser.
Bien savez c'on ne puet pas trestous jors durer;
Il fait molt bon bien faire, plus n'en puet on porter,
Car nus ne vient a vie ne couviengne finer.
Le roi Charle Martel couvint a fin aler; 85
Aprés morut sa fenme, la roÿne au vis cler;
Conme droit hoir de France font Pepin coronner,
Aprés le marierent por son cors honnorer,
Sa fenme fu estraite, sans mençonge parler,
De Gerbert, de Gerin, de Malvoisin le ber. 90
A Fromont orent guerre, ch'avez oÿ conter,
Dont il couvint de cors mainte ame dessevrer,
Maint chastel, mainte tour a terre craventer,
S'en couvint a Pepin mainte paine endurer.

---

62 The *espié* was a lance for hurling. See A. Schultz, *Das höfische Leben zur Zeit der Minnesinger* (Leipzig, 1889), II, 28-29.

86-99 This first wife was Blanchefleur. It is logical to see in these lines a reference to two of the epics of the Cycle of Loherain, that is, to the *Girbert de Mes* and the *Mort de Garin*. Blanchefleur has a prominent role as the wife of Pepin in these Loherain epics and Adenet needed to dispose of her before he could introduce Berte, the mother-to-be of Charlemagne. There is always a possibility that the immediate predecessor of Adenet, the poet Robert (?), first introduced this material, and that Adenet was merely copying him; but this is not a likely suggestion. See Russell K. Bowman's *The Connections of the Geste des Loherains with other French Epics and Mediaeval Genres*. New York, 1940.

Onques de cele fenme ne pot hoir engenrer,   95
Car il ne plot a Dieu qui tout a a garder.
Grant tans furent ensamble; se voloie aconter
Toutes leur aventures, n'i porroie assener.
Cele dame morut, l'ame en puist Diex sauver!
Aprés vorrent Pepin assez tost marier;   100
Pour iceste raison i ot fait assambler
Li rois tous ses barons en cui se dut fïer,
Por regarder quel fenme li porront aviser,
Mais ne sevent quel part fenme puissent trouver.
Premiers en a parlé Engerrans de Montcler: 105
"Sire, je en sai une, par le cors saint Omer,
Fille au roi de Hongrie, molt l'ai oÿ loer,
Il n'a si bele fenme de ça ne de la mer;
Berte la debonaire, ainsi l'oÿ nonmer."
"Seignor," ce dist Pepins, "n'i a fors dou haster,   110
Car cele vueil avoir a moillier et a per."
Li rois Pepins a fait molt grant gent assambler
Por aler en Hongrie la dame demander.
Tous ceaus qui i alerent ne vous vueil deviser;
Parmi cele Alemaigne acueillent lor errer,   115
Mainte diverse gent lor couvint trespasser.
En Hongrie s'en vinrent un mardi au disner;
A une grant cité, Strigon l'oÿ nonmer,   [c]
La trouverent le roi, qui molt fist a loer.
Trestoutes leur paroles ne vous vueil raconter.   120
De par Pepin li vont la pucele rouver,
Et li rois lor otrie, molt li pot agreer.
Blancheflor la roÿne fist sa fille mander,
A nostre gent franchoise la fist li rois moustrer
Et nos François la vont sagement saluer;   125
Tant ert blanche et vermeille c'on s'i peüst mirer.
Les tables furent mises, s'assirent au souper.
Tant com il furent la, tres bien en font penser
Li rois et la roÿne, et forment honnorer.
En la terre ne vorrent longuement sejorner,   130
Plus tost qu'il onques porent font lor oirre aprester;
Chevaus, or et argent lor fist on presenter,
Mais ainc n'en vorrent prendre la monte d'un soller.

IV

Berte la debonaire, qui n'ot pensee avere,
Molt durement plorant prent congié a son pere.   135
"Sire," dist ele, "a Dieu! saluez moi mon frere,
Qui tient devers Poulenne la terre de Grontere."
"Fille," ce dist li rois, "ressamblez vostre mere;
Ne soiez vers les povres ne sure ne amere,
Mais douce et debonaire et de bone matere,   140

106–111. The *Anseÿs de Mes* (cp. our note to 3171 below) has Pepin lose his wife Blanchefleur by a strange earthquake accident; Pepin then marries Bateüs, or Berthe, a Greek lady, daughter of Phochenasto of Frisse. The author of the *Anseÿs* knew something of the Bertha tradition, but he could not have used Adenet's poem. (Bowman, *op. cit.*) The *Hervis de Mes*, however, used Adenet's *Berthe* in at least three references.

Vincent of Beauvais (*Speculum historiale* XXIII, 161) says of Charlemagne: "Pippini filius extitit Carolus ex Berta, filia Heraclii Caesaris. Unde in ipso genus Graecorum, Romanorum et Germanorum concurrit. Unde merito ad ipsum postea translatum est imperium." Vincent was writing in *ca.* 1250. Perhaps Vincent and the author of the *Anseÿs* both drew upon a common legend which associated the great Charles with a mother of Greek descent.

Si qu'a Dieu et au siecle la bonté de vous pere;
Car qui ainsi le fait, molt noblement se pere,
Et cil qui bien ne fait, en la fin le compere.
Ainc plus bele de vous ne vit rois n'emperere,
Je vous conmant a Dieu qui est vrais gouvernere,　　　　145
Qui en cors et en ame en soit dou tout gardere."

V

　　　Tout droit a celui tans que je ci vous devis,
Avoit une coustume enz el tyois paÿs
Que tout li grant seignor, li conte et li marchis
Avoient entour aus gent franchoise tous dis　　　　150
Pour aprendre françois leu[r] filles et leu[r] fis;
Li rois et la roÿne et Berte o le cler vis
Sorent pres d'aussi bien le françois de Paris
Com se il fussent né ou bourc a Saint Denis,
Car li rois de Hongrie fu en France norris;　　　　155
De son paÿs i fu menez molt tres petis.
François savoit Aliste, car leëns l'ot apris.
C'ert la fille la serve, ses cors soit li honnis,
Car puis furent par li maint grant malice empris.
Adont tenoient Franc les Tyois pour amis,　　　　160
S'aidoient li uns l'autre contre les Arrabis;
Bien parut puis a Charle qui fu rois poestis　　　　[d]
Que Alemant estoient chevalier de haut pris;
Par aus fu puis mains Turs et mors et desconfis.
De ce ne vous iert ore nus lons racontes dis;　　　　165
De ce vous vueil parler que vous ai entrepris.

VI

　　　Molt fu Berte courtoise et plaine de franchise,
N'est nus qui la connoisse qui forment ne la prise.
Le jour que ele dut sa voie avoir emprise,
S'est devant le roi Floire son pere a genous mise,　　　　170
En plorant prent congié sans mal et sans faintise.
Blanche fu et vermeille et plaisans a devise,
N'ot plus bele pucele de la dusques en Pise,
Et de faire tout bien fu en grant couvoitise,
Si qu'a piece ne fust de nul meffait reprise;　　　　175
Mais puis fu par la serve en la forest malmise,
Ainsi com vous orrés l'estoire le devise.

VII

　　　Quant Berte ot pris congié a son pere au cuer vrai,
Forment li deu[t] li cuers, molt fu en grant esmai.
La gent de cele terre, ne vous en mentirai,　　　　180
En plorerent forment, car vraiement le sai.
"Fille," dist la roÿne, "je vous convoierai,
Sachiez, au plus avant que je onques porrai;
Margiste, vostre serve, avoec vous laisserai
Et Aliste sa fille, plus bele riens ne sai,　　　　185
Pour ce que vous ressamble, assés plus chiere l'ai,
Et Tybert leur cousin avoec envoierai.
Bien savez que tous trois de servage getai
Et que de mes deniers chascun d'aus rachetai,
Et por ceste raison trop plus m'i fierai."　　　　190
"Dame," ce a dit Berte, "et je les amerai,
Ne de chose que j'aie jamais ne leur faurrai,
Trestoutes mes privances par lor conseil ferai;
Aliste, se je puis, tres bien marierai."
"Fille," dist la roÿne, "bon gré vous en sarai."　　　　195
Un lundi par matin, por voir le vous dirai,

Orent Bertain montee seur un palefroi bai.
Des jornees qu'il firent trop ne vous conterai.
Par Sassongne s'en vinrent, par le duc Nicholai; 200
La duchoise estoit suer Bertain; quant j'esgardai
L'estoire a Saint Denis, tout ainsi le trouvai.
D'approchier la besongne plus ne detrierai.
"Fille," dist Blancheflor, "arriere m'en irai,
De par vous vostre pere forment saluerai; 205
Se bien ne vous prouvez, de la dolor morrai;
Cel anel de vo doit o moi en porterai,   [80a]
En larmes et en plours souvent le baiserai."
En plorant li dist Berte: "Dame, je le ferai."

VIII

Berte prent l'anelet, qu'ele plus n'i delaie,
A sa mere le baille, molt pleure, molt s'esmaie. 210
"Fille, a Dieu vous conmant par cui li solaus raie;
Or vous faites amer gent letree et gent laie;
Qui de bien est venus, drois est k'a bien retraie
Adés de plus en plus, si que ja n'en retraie."
"Douce mere," fait ele, "il m'est avis que j'aie 215
Parmi le cuer dou ventre d'un coutel une plaie."
"Fille," dist la roÿne, "soiez joians et gaie:
Vous en alés en France, de ce mes cuers s'apaie,
K'en nul pays n'a gent plus douce ne plus vraie."
Au departir chascune a plorer se rassaie; 220
Berte chaÿ pasmee sor un drap noir com saie.

IX

La roÿne s'en va a Dieu conmandement;
Berte remest pasmee desseur le pavement,
La duchoise sa suer entre ses bras la prent,
Blancheflour fait tel duel pres li cuers ne li fent; 225
En Hongrie revient la ou li rois l'atent.
Leur oirre ont aprestee nostre françoise gent;
A sa suer prent congié Berte qui ot cors gent,
El palefroi la metent sa gent molt doucement.
Alemaigne trespassent, n'i font delaiement; 230
A Saint Herbert passerent le Rin isnelement.
Par Ardenne chevauchent sans nul detriement;
A Rostemont sur Muese ont pris herbergement,
Un tres riche chastel qui siet molt noblement:
Entre deus grans rivieres siet seignoriement, 235
Forez et praeries, tout ce n'i faut noient;
Puis le frema dux Namles de Baiviere autrement
Qu'ele n'estoit fremee et molt plus fortement;
Pour ce que Namles ert plains de grant hardement,
Preus et loiaus et sages et de bon escient, 240
Fu Namur apelee despuis conmunaument.
Li quens les herberja molt honnoreement;
Cousins ert le roi Floire a cui Hongrie apent.
A nostre gent franchoise fist maint riche present,
Mais ains ne vorrent prendre chevaus, or ne argent. 245
De Rostemont se partent au matin liement,
Hainau ont trespassé, Vermandois ensement;
De ce ne vous ferai plus nul aloingnement.

---

221 Scheler was troubled how to explain the figure *noir com saie*. He wondered if *saie* was used for a pall. I believe that *saie* 'a long peasant-like tunic' was used also to denote a clerical *froc* which, in most cases, was black.

Tout droit un diemenche, ainsi com je l'entent,
Son[t] venu a Paris devant l'avesprement. 250
Encontre va li rois tres joieusement
Et sont en sa conpaigne plus de mil et set cent,
Qui trestout sont de lui tenant grant chasement;
Berte vont saluer bel et courtoisement.
Conme sage et courtoise, chascun son salut rent 255
Com cele qui estoit de grant apensement,
Et dist li uns a l'autre: "Par le cors saint Climent,
Molt avons bele dame et de joene jouvent."
Les cloches de la vile sonnerent hautement;
De ce ne vous vueill faire nul lonc acontement, 260
Car n'ot rue en la vile, par le mien escient,
Ne fust toute couverte de dras tres richement,
Et les rues jonchies d'erbe tres netement,
Et les dames parees contre l'avenement
Carolent et festient et chantent hautement; 265
De joiaux, de richesces toute Paris resplent.
Au perron de la sale la roÿne descent;
Maint haut baron l'adrestrent molt debonairement,
Car de li honnorer a chascuns grant talent.

X

Aprés la mi aoust, ne quier que vous en mente, 270
Par un jour si tres bel qu'il ne pluet ne ne vente
Espousa rois Pepins Berte la bele gente.
Richement fu vestue d'un riche drap d'Octrente;
Tel coronne ot el chief qui molt li atalente,
Cent mile mars valoit et plus, a droite vente. 275
Berte fu gracieuse com est la flors sor l'ente.
Chascuns la tient a bele, n'est nus ne s'i assente.
Ou jardin orent fait drecier la maistre tente;
Quant la messe fut dite, n'i firent longue atente,
Au mengier sont assis, ça cent, ça vint, ça trente. 280
Mains grans princes le jour de servir se presente;
Devant la roÿne ot mainte bele jouvente
Qui volentiers la servent, nus ne s'en destalente.
Or est ele molt aise, mais tost sera dolente:
Margiste li fera recevoir tele rente 285
Par son tres grant malice la metra en tel sente
Dont souvent iert de lermes sa chiere molt sullente,
Damediex la confonde, l'orde vielle pullente!

XI

Les napes ont ostees; quant vint aprés mengier,
Menestrel s'apareillent por faire lor mestier; 290
Trois menestrels y ot qui molt font a prisier,
Devant le roi s'en vinrent, n'i vorrent detriier,
Et devant la roÿne por li esbaniier;
Li uns fu vieleres, on l'apeloit Gautier,
Et l'autres fu ha[r]peres, s'ot non maistre Garnier; [c] 295
L'autres fu leüteres, molt s'en sot bien aidier,
Ne sai conment ot non, mentir ne vous en quier;
Volentiers les oÿrent dames et chevalier;
Quant leur mestier ont fait, si s'en revont arrier;
Dont se dreça li rois, n'i volt plus atargier; 300
Dames et damoiseles prennent a festiier,
Danses, baus et caroles veïssiés conmencier.
La roÿne adestrerent duc et conte et princier,
En ses chambres l'en mainent por son cors aaisier,
Puis retornent arriere, n'i vorrent delaiier, 305
La roÿne ne vorrent longuement traveillier.

Atant ez vous Margiste, cui Diex doinst encombrier:
Ja avoit en son cuer le conseil l'aversier,
Qu'ele avoit enpensé molt mortel destorbier.
Encoste la roÿne se va agenoillier.
En l'oreille li prent tantost a conseillier:
"Dame, trop sui dolente, par le cors saint Richier.
Uns miens amis me vint des ersoir acointier
Que, puis que Diex laissa son cors cruceflier,
Ne fu hons nus qui tant fesist a ressoignier   315
Com fait li rois Pepins por delez vous couchier;
Quant li rois vous devra enquenuit conpaignier
Et faire la droiture c'on fait a sa moillier,
Paour ai ne vous tue, si me puist Diex aidier.
Je le sai grant piece a, ne l'osoie noncier,   320
Pour vous, que ne voloie pas trop assouploier."
Quant ce ot la roÿne, si prent a lermoier,
De la paour qu'ele a cuide le sens changier.
"Dame," ce dist la viele, "ne vous chaut d'esmaier,
Bien vous garantirai, par Dieu le droiturier: 325
Quant evesque et abé revenront de saignier
Le lit au roi Pepin qui France a a baillier,
Vostre chambre ferai de toutes pars vuidier;
Alistete ma fille ferai tost despoillier,
En lieu de vous el lit la ferai je mucier.   330
J'en ai parlé a li, fait li ai otroier;
J'aim miex que ele muire que vous, mentir n'en quier."
Quant Berte l'entendi, prist la a embracier,
Damedieu et ses sains en prent a graciier,
Ne fust mie si lie por l'or de Montpellier.   335

XII

Grant joie ot la roÿne quant ele ot la maniere
Conment dou roi Pepin se porra traire arriere,
Nostre Dame en gracie, la dame droituriere.
De li se departi la male chamberiere,   [d]
En une autre chambre entre l'orde viell[e] sorciere,   340
Vers le jardin le roi bien pres de la riviere;
Sa fille y a trouvee, cui la male mors fiere,
A une fenestrele qui ert faite de piere.
Miex ressamble Bertain que ne paindroit paigniere,
N'ert fenme qui a eles de grant biauté s'afiere,   345
Nient plus c'uns prés floris samble gaste bruiere.
A tant ez vous la vielle qui fait molt lie chiere,
Sa fille a embracie, si la baise en la chiere.
La vielle et sa fille orent porparlé en derriere
Conment traïr porront Bertain n'en quel maniere.   350
"Fille," ce dist la vielle, "molt forment vous ai chiere,
Car vous serez roÿne, se Dieu plaist et saint Pierre."
"Mere," ce dist Aliste, "Dieux oie vo priiere!
Envoiez pour Tybert, avis m'est qu'il afiere
Qu'il soit de ceste chose maistres et conseilliere; 355
Mandez li k'a moi viengne, hastez que on le quiere
A toutes ces ensaignes, k'ersoir ot m'aumosniere."
Et la vielle meïsme i keurt conme levriere,
De la traÿson faire ne fu mie laniere.

356-57 These two lines present some difficulty. I translate *a toutes ces ensaignes* by 'with this in mind,' where *a toutes* has the value of 'with.' Cotgrave renders *a bonnes enseignes* by 'in good earnest.' The final phrase in line 357 probably means 'for last night I was kind to him and gave him some money.'

XIII

 Quant Tybers ot le mant, molt fu en grant desir 360
K'a sa cousine puist hasteement venir,
Et quant il fu venus tost le font assentir
A cele traïson, molt li vint a plaisir.
La traïson devisent entre aus trois a loisir,
Conment n'en quel maniere i porront avenir, 365
Par quoi Berte leur dame puissent France tolir.
"Fille," ce dist la mere, "ne vous en quier mentir,
L'en doit bien reculer por le plus loing saillir:
De ceste chose arez un petit a soufrir.
Ennuit ferai Bertain avoeques moi gesir; 370
Tout droit a l'ajorner, quant devra esclarcir,
A vous l'envoierai si com pour la gesir;
D'un coutel en vo cuisse vous couvenra ferir
Tel cop que li clers sans en couvenra saillir,
Dont crierez harou qu'ele vous veut murdrir; 375
En la chambre enterrai, tantost l'irai saisir,
Dont de la en avant m'en laissiez couvenir."
"Dame," ce dist la serve, "tout a vostre plaisir."
Ainsi l'ont devisé, Diex les puisse honnir!
La nuit aprés souper, quant vint a l'enserir, 380
S'en vont vesque et abé pour le lit beneïr.
Aprés a fait la vielle toute gent fors issir,
Les uns aprés les autres belement departir;   [81a]
La clarté fait oster c'on n'i pot riens choisir.
El lit le roi Pepin fait sa fille couvrir; 385
Le coutel dont il doivent la traÿson furnir
Ont mis droit a l'esponde, Diex les puist maleïr!

XIV

 Molt fu la vielle a aise, de joie prist a rire,
En sa chambre s'en va Berte sa dame dire:
"Dame, je lais ma fille dolente et plaine d'ire, 390
Tant avons fait pour vous nus nel porroit descrire."
"Dame, vous dites voir, Damediex le vous mire!"
Couchier l'a fait la vielle; Diex envoit mal martire
Li, sa fille et Tybert; tous maus en aus s'atire.
La vielle li dist lors belement tire a tire 395
Que droit au point dou jour couvient qu'ele s'atire
Et que molt sagement delez le roi se vire.
Berte la debonaire sans courrouz et sans ire
Dist d'ainsi le fera, n'ot talent d'escondire,
Riens que la vielle vueille ne li veut contredire. 400
En son lit en seant prist ses heures a dire,
Car bien estoit letree et bien savoit escrire.

XV

 Cele nuit fist li rois toute sa volonté
De la tres fausse serve, plaine de mauvaisté;
Un hoir i engendra, par fine verité, 405
Qui Rainfrois ot a non, n'ot gaires de bonté;
Puis en ot il un autre, Heudri l'ont apelé;
Plain furent de malice et de grant fausseté.
Devant l'aube aparant, ains qu'il fust ajorné,
A la vielle Tybert le traÿtour mandé, 410
Et il i est venus volentiers et de gré.
Berte s'est esveillie, n'i a plus demoré,
En la chambre s'en entre belement et soé,
Ainsi conme la vielle li avoit conmandé;
Venue est a la serve, qui gist el lit paré. 415
La serve l'aperçoit, n'i a plus sejorné;

Le coutel a saisi, si l'a a mont levé,
En sa cuisse derriere a tel coup assené
Que li clers sans en raie et de lonc et de lé.
La serve a le coutel a Bertain presenté, 420
Et Berte le reçoit, qui mal n'i a pensé,
Quar la vielle li ot tout ainsi enorte.
Lors a male serve un molt grant cri geté:
"Ha! rois Pepins," dist ele, "je croi, mar vous vi né
Quant [on] me veut murdrir delez vostre costé."
Et li rois s'esveilla, s'a le coutel visé
Que la roÿne tient trestout ensanglenté; [b]
En son seant se drece, pres n'a le sens dervé.
A tant es vous la vielle qui fist samblant iré,
Vers sa fille s'en va, s'a le sanc esgardé. 430
Quant li rois l'a choisi, si en a Dieu juré
Que sa fille iert destruite, ja n'en iert trestorné.
"Ha! rois," ce dist la vielle, "por sainte charité,
Faites la tost destruire, ja n'en aiés pité,
Jamais ne l'amerai nul jor de mon aé." 435
La vielle prent Bertain, grant coup li a donné,
De la chambre l'en boute, Bertain vint molt en gré,
K'encore cuidoit ele que ce fust amisté,
Et nepourquant dou coup li sont li oeil lermé;
Et Tibers l'a saisie, qui molt ait mal dehé, 440
Par le mantel l'en maine, si qu'il l'a descirré.
"Aÿde Diex," fait Berte, "rois plains d'umilité,
Que m'est il avenu, k'ont ces gens enpensé?"
Lors a la male vielle un pou avant passé,
Un loiien a ataint, Tybert l'a presenté, 445
Bertain ont abatue, n'i ont plus arresté,
A force li ouvrire[nt] sa bouche estre son gré;
A guise de cheval que on a afrené,
Li ont mis cele corde, ce fu grant cruauté;
Derrier ou haterel li ont si fort noé 450
Que por cent mile mars n'eüst un mot sonné.
Les mains li ont loiies par lor desloiauté,
Deseur un lit l'abatent, un drap ont sus geté;
Or en ait Diex pité, li rois de majesté!

XVI

Quant il orent Bertain en tel point atornee 455
K'estroit li ont la corde en la bouche noee,
En travers sor le lit l'ont ilueques getee,
Et la mauvaise vielle s'est lez li acoutee,
En l'oreille li dist basset a recelee:
"Se vous criés," fait ele, "par la Virge honneree, 460
Vous arez ja molt tost cele teste coupee."
Quant Berte l'entendi, molt fu espoentee;
Bien voit qu'il l'ont traÿe et qu'ele est enganee;
De duel et de mesaise s'est ilueques pasmee.
Et la vielle s'en torne, n'i est plus arrestee; 465
Tibert lait lés Bertain qu'ele soit bien gardee.
En la chambre le roi s'en est la vielle entree,
Molt faisoit la dolente et molt sembloit iree;
Ou qu'ele voit sa fille, au pié li est alee:
"Dame, merci, pour Dieu qui fist ciel et rousee, 470
Se vous veiés conment j'ai ma fille atornee, [c]
Bien diriés que n'ai coupes en ceste destinee."
"Taisiés vous," dist li rois, "pute vielle provee,
Bien est vo traÿson veüe et esprouvee;
Berte vouliés murdrir, ma femme, en recelee; 475
Vo fille sera arse, ja n'en iert trestornee."

"Sire," ce dist Aliste, "or n'aiés ja pensee
Que par ceste fust onques traÿson pourparlee,
Qu'il n'a plus preude fame jusqu'a la mer betee.
Mais tous jours a sa fille esté sote noee,   480
Si com par lunoisons aussi conme dervee.
Sire, un don vous requier a ceste matinee,
C'est la premiere chose que je vous ai rouvee
Puis que m'eüstes, sire, a moillier espousee
Et de coronne d'or fui pour vous coronnee: 485
Je vous pri, seur la foi que vous m'avez juree,
Que ceste chose soit si teüe et celee
Que nus hom ne le sache qui soit de mere nee;
Por la raison de ce k'o moi l'ai amenee,
Trop dolente en seroie s'en faisiés renomee;   490
Mais prenes trois sergans droit a ceste ajornee,
Si leur soit tost la garce et errant delivree;
En un lointain paÿs en soit tantost menee,
La sera enfouie ou ele iert estranglee;
Moi n'en chaut c'on en face mais qu'ele soit tuee." 495
"Dame," ce fist la vielle, "bien estes avisee,
Je vorroie, par m'ame, qu'ele fust decolee
Ou en aigue noiie ou au dyable alee."
Li rois ot la requeste, ne l'a pas refusee,
Ainçois li a trestoute otroiie et graee.   500
Tant a brassé la serve et tant s'en est penee
Que la vielle sa mere s'est au roi acordee
Et que par li sera toute l'uevre achevee.
De joie s'est la vielle vers le roi enclinee,
Molt faisoit laide chiere, molt par ert esploree; 505
Bien ot la traÿson et faite et atempree.

XVII

    Li rois se drece en piés, n'i volt plus demorer,
Car forment le hastoient de la chose achever;
Il meïsme ala trois sergans apeler,
Mais ne lor volt de riens la chose demoustrer.   510
A Margiste les maine, prent leu[r] a deviser
Que tout ce qu'ele veut facent sans refuser.
"Seignor," ce dist la vielle, "alez vous atorne[r],
Et je irai la chose tout a point aprester,
Et lors ferés vous ce que vorrai conmander."   515
La chambre ou Berte fu lor a pris a moustrer:
"Revenez la a mi, molt vous couvient haster."
Lors s'en torne la vielle, n'i volt plus sejorner,
Congié a pris dou roi, si prist a souzpirer;
Il samble a sa maniere qu'ele doive derver.   520
Tout en plorant en prent le roi a apeler:
"Sire, recouchiés vous, bien vous poés vanter
Que jamais de la garce n'orrez un mot sonner;
Ne la tieng pas a fille, pour voir le puis jurer,
Puis qu'ele veut ma dame murdrir et estrangler." 525
Lors s'en depart la' vielle, Diex la puist craventer!
Et la serve sa fille prent forment a plorer,
Aussi qu'ele eüst duel prent molt a souzpirer.
Molt fu courtois li rois, prist l'a reconforter:
"Bele," ce dist li rois, "laissiés ce duel ester, 530
Laissiez aler la garce, Diex li puist mal donner!
Bien vous peüst encore ocire ou enherber.
Estes vous molt blecie? Nel me devez celer."
"Sire, nenil," fait ele, "ce ne me puet grever;
Ce que je vi mon sanc me fait espoenter;   535
Je le vous mousterrai, alés l'uis refermer."

Tout ce li disoit ele pour lui faire muser,
Por avoir plus d'espace de leur chose arreer.
Et Tibers et la vielle n'ont cure d'arrester,
Ains font Bertain leu[r] dame seu[r] un roncin lever; 540
Li troi sergant l'en mainent droit aprés l'ajorner,
Et Tibers fu li quars; Diex puist Bertain sauver,
Qui de ce grant perill la vueille delivrer!
La vielle prent Tibert son cousin a rouver
Que le cuer l'en raport, ce ne veut oublier. 545
Bien li aprist la vielle trestout a enorter
Conment la traÿson il devra gouverner,
Et com Berte iert gardee qu'ele ne puist parler.
"Dame," ce dist Tybers, "d'el vous couvient penser,
Bien ferai la besoigne, ja n'en estuet douter." 550
Congié prent de la vielle, s'acueillent lor errer.

XVIII

Aprés l'aube aparant luisoit la lune clere,
Bertain en ont menee, qui a grant meschief ere,
Molt ert plaine de foi et de bone matere;
Bien l'orent a couverte pour ce qu'ele ne pere. 555
"Ha! sire Diex," fait ele, "qui estes souvrains pere,
Ce que n'ai desservi couvient que je compere;
Lasse! com ai trouvé gent mauvaise et amere!
A il mesaise ou monde qui la moie compere?   [82a]
Lasse! mais ne verrai ma douce chiere mere 560
Ne roi Floire mon pere, ma seror ne mon frere;
Or soit Diex de mon cors et de m'ame gardere!"

XIX

Molt fu Berte dolente, mentir ne vous en quier,
Damedieu reclama, le Pere droiturier,
Ne set ou on la maine, ou avant ou arrier. 565
Trestoutes lor jornees ne vous vueil rehercier.
Quant a l'ostel venoient, en chambre ou en solier
Metoit Tibers Bertain, n'i laissoit aprochier
Nului fors lui tout seul, Diex li doinst enconbrier!
Et quant il li donnoit n'a boire n'a mengier, 570
En son poing tenoit nu le brant fourbi d'acier,
Pour ce que la vouloit telement esmaier
Qu'ele ne desist mot ne que n'osast noisier;
De li ne se vouloit nule fois eslongnier,
Puis remetoit la corde dedens sa bouche arrier, 575
Puis li lioit les mains com felon pautonnier,
Enserrer la faisoit dusques a l'anuitier.
Tout ainsi s'en alerent, sans mençonge acointier,
Bien cinc grandes jornees, ne vorrent detriier,
Tant k'en un bois s'en vinrent haut et grant et plenier: 580
C'ert la forest dou Mans, ç'ai oÿ tesmognier;
Lors se sont arresté desouz un olivier.
"Seignor," ce dist Tybers, "par le cors saint Richier,
De plus avant aler n'avons nous nul mestier."
Et cil li respondirent: "Bien fait a otroiier." 585
Lors sont tout descendu a terre sor l'erbier;
L'uns avoit non Morans, forment fist a prisier,
Et l'autres Godefrois, li tiers ot non Renier.
La roÿne descendent, or li puist Diex aidier!
Onques mais de si pres ne la porent baillier, 590
Car Tibers n'i laissoit fors que lui aprochier.
Le drap deseur la robe li font tost despoillier,
Cote ot d'un blanc bliaut et mantel molt tres chier.
Quant si bele la voient, prennent a lermoiier,

Et Tibers li traïstres prent s'espee a sachier. 595
"Seignor," ce dist Tibers, "or vous traiés arrier,
A un cop li ferai la teste trebuchier."
Quant Berte vit l'espee, lors prent a souzploiier,
De paour va a dens a la terre couchier;
Lors conmence la terre doucement a baisier; 600
Sa grant mesaventure ne leur puet anoncier,
Car la corde en la bouche ne 'la laisse raisnier.
"Tibert," ce dist Morans, "garde, sor li ne fier, [b]
Car, par cel saint Seignor qui tout a a baillier,
Ja verroies tes menbres et ta teste trenchier, 605
Se jamais ne devoie en France repairier."

XX

Cel jor fist molt lait tans et de froide maniere,
Et Berte gist a dens par desus la bruiere;
Paour a de Tibert que il sor li ne fiere,
Nostre Dame reclaime, la dame droituriere. 610
"Seignor," ce dist Morans, "pensee aroit laniere
Qui si bele pucele mousterroit laide chiere."
"Par Dieu," ce dist Tibers, "vis m'est que il afiere
Que nous l'ocions tost, puis retornons arriere,
Car je l'oi en couvent Margiste que j'ai chiere." 615
"Tibert," ce dist Morans, "dur cuer as conme piere;
Se tu li fais nul mal, par l'apostre saint Piere,
Ne te gariroit mie tous li ors de Baiviere
Que cis bois ne te soit a tous jors mais litiere."

XXI

Molt ot Tibers li leres le cuer tres corroucié, 620
Quant de tuer Bertain ne li ont otriié;
Neporquant a li fel le bran forbi sachié,
Et li troi sergant l'ont par les flans enbracié,
Si qu'il l'ont contre terre par force agenoillié;
Chascuns a trait s'espee, plus n'i ont atargié; 625
Entrués que li doi tienent Tibert le renoiié,
La desloie Morans, qui en ot grant pitié,
Le loien de la bouche n'i a il pas laissié.
"Bele, fuiés vous ent, n'i ait plus detriié,
Damediex vous conduise par sa douce amistié!" 630
Berte s'en va fuiant, le cuer ot esmaié,
Car bien cuidoit sans faille avoir le chief trenchié;
En la forest s'en fuit, molt a Dieu gracïié.
Ainsi eschapa Berte Tibert sans son congié.
Quant Tibers l'a veü, molt ot le cuer irié; 635
"Seignor," ce dist Tibers, "mal avés esploitié,
Trestous vous ferai pendre quant serés repairié."

XXII

Cel jour fist molt lait tans, car il plut et espart.
Berte s'en va fuiant par delés un essart;
Tant fuit que de li perdent li sergant le regart. 640
"Seignor," ce dist Morans, "si ait Diex en moi part
Que nous fesimes molt que fol et que musart
Que por faire tel murdre venimes ceste part;
Bien samble gentis fenme et sans nul mauvais art,
Damediex la conduise et la praigne a sa part! 645
En ceste forest a maint ours et maint lupart
Qui mengié l'aront ne demorra pas tart; [c]
Esploitié en avons com felon et renart;
De duel et de pitié trestous li cuers m'en art."
A ce mot remonterent, chascuns de la se part. 650

XXIII

En la forest fu Berte repuse entre buissons,
Damediex la consaut et ses saintismes nons!
De li ici endroit a parler vous lairons;
Quant tans et lieus en iert, ici le reprendrons.
Li sergant s'en repairent, n'i font arrestisons; 655
"Seignor," ce dist Morans, "savés que nous ferons?
Je lo que nous le cuer d'un pourcel en portons,
A ma dame Margiste si le presenterons;
Par iceste maniere bien nous escuserons,
Et si savés bien tout k'en couvent li avons 660
Que le cuer de celi raporter li devons.
Tibert, ce dist Morans, si m'aÿt saint Symons,
Se vous ne l'otriés, tantost vous ocirrons."
"Seignor," ce dist Tibers, "cis consaus est molt bons;
Puisqu'ele est eschapee, au meillor nous tenons; 665
Plus dout que vous ne faites, ne le vous celerons,
Que nous de ceste chose acusé ne soions."
Chascuns l'a fiancié, cours en fu li sermons.
En iceste matere plus ne detrierons,
Trestout ainsi le firent com ci vous devisons; 670
A Paris sont venu, ne vous en mentirons.
Grant joie en ot la vielle quant oÿ lor raisons.
"Dame," ce dist Tibers, "nous vous en raportons
Le cuer, vés le vous ci, present vous en faisons;
La pucele avons morte, por voir le vous disons." 675
"Seignor," ce dist la vielle, "bien le desservirons,
N'avoit si male garce tant com dure li mons."

XXIV

Li troi sergant s'en vont, nus n'en est arrestus,
A leur ostel s'en vienent, chascuns est descendus,
Et Tibers et la vielle sont iluec remasus. 680
A la fausse roÿne vont ensamble la sus;
Grant joie a de Tibert qui estoit revenus.
"Dame," ce dist Tibers, "grans biens vous est creüs,
Bertain avons ocise a nos brans esmolus."
"Tibert," ce dist Aliste, "loés en soit Jhesus, 685
Bien avés desservi que vous soiés mes drus."
Ainsi fu de la serve liement respondus
Tibers, car de grant joie fu ses cuers esmeüs.
Ainc de tel traÿson n'oÿ a parler nus
Puis que de Judas fu Nostre Sires vendus; 690
Damediex qui en crois fu por nous estendus, [d]
Doinst k'encor leur en soit li guerredons rendus!
Bien ot li rois Pepins les Hongrois receüs
Et riches dons donnés et noblement veüs.
Tant font k'en leur pays est chascuns revenus; 695
Floire et Blancheflor font de par Pepin salus
Et de par l'orde serve, ses cors soit confondus!
D'aus lairai a parler, n'en dirai ore plus,
A Bertain revenrai, k'el bois qui ert ramus
Ert a molt grant meschief, ses cuers ert esperdus. 700
Souvent reclaime Dieu et ses saintes vertus,
Ne sot quel part aler, tous jors se trait en sus
Dou lieu ou laissié l'ot Tibers li mescreüs.

XXV

La dame fu el bois, qui durement plora,
S'oÿ les leus uller et li huans hua; 705
Il esclaire forment et roidement tonna,

Et pluet menuement et gresille et venta,
C'est hideus tans a dame qui conpaignie n'a.
Damedieu et ses sains doucement reclama:
"Ha! sire Diex," fait ele, "voirs est k'ainsi ala;   710
De virge nasquesistes; quant l'estoile leva,
Li troi roi vous requisent; ja nus hom ne sera
Le jor desconseilliez qui vous reclamera;
Melcior ot non cil qui le mirre porta,
Jaspar ot non li autres qui l'encens vous donna,   715
Et Baltazar li tiers qui l'or vous presenta.
Sire, vous le presistes, chascuns s'agenoilla.
Si voir com ce fu, Diex, ne mençonge n'i a,
Si garis ceste lasse qui ja se dervera."
Quant ot fait sa proiiere, son mantel escourça,   720
A Dieu s'est conmandee, aval le bois s'en va.

XXVI

Berte s'en va molt tost lés le pendant d'un val,
Damedieu reclama, le Pere esperital,
Lui et sa douce mere, qu'il la garde de mal;
Ne set qu'ele puist faire, molt ot grant duel coral.   725
"Ahi, vielle," fait ele, "cuer eüs desloial
Qui ainsi m'as traÿe de traÿson crual;
Lasse! com arai hui soufert pesant jornal,
Mal samble que je soie de lignage roial;
Diex et sains Juliens m'envoit a tel ostal   730
Que mengier ne me puist nule beste mortal,
Car a Dieu ai mon cuer fin et ferm et loial."

XXVII

Cel jour ot la roÿne travail et paine male,
N'i ot sonmiers a cofres de dras troussez en male,
Maison pour osteler, chambre a voute ne sale;   [83a]   735
Plus dolente ert de cuer que cil c'on en mer cale.
Il n'ot plus bele dame de ci jusqu'en Tessale,
Non au mien escient de la jusques en Gale,
Mais traveillie estoit, s'en ert un petit pale;
Or sachiés vraiement n'a talent qu'ele bale;   740
Dou mal tans ert sa robe un pou pesant et sale.
Volentiers en beüst, mais trouble ert com godale.

XXVIII   742

Par le bois va la dame, qui grant paour avoit
Ce n'est pas grant merveille se li cuers li doloit,   745
Com cele qui ne set quel part aler devoit.
A destre et a senestre molt souvent regardoit,
Et devant et derriere, et puis si s'arrestoit.
Quant s'estoit arrestee, molt tenrement ploroit,
A nus genols sus terre souvent s'agenoilloit,   750
En crois sus l'erbe drue doucement se couchoit,
La terre molt souvent piteusement baisoit;
Quant s'estoit relevee, maint grant souzpir getoit,
Blancheflor la roÿne, sa mere regretoit:
"Ha! madame," fait ele, "se saviés or endroit   755

730-32 Saint Julien is the patron saint of hostels.
    The five prayers which are offered by Berte while lost in the wood have been studied by Sister Marie Pierre Koch in her dissertation: *An Analysis of the Long Prayers in Old French Literature* (Catholic University of America, 1940). She classifies them all as being of the personal-narrative or meditative-petition type.

A quel meschief je sui, li cuers vous partiroit."
Lors rejoingnoit ses mains et vers Dieu les tendoit:
"Cil Damediex," fait ele, "qui haut siet et loing voit,
Parmi ceste forest hui en ce jor m'avoit,
Et sa tres douce mere en tel lieu me convoit 760
Ou mes cors a hontage mie livrés ne soit!"
Lors s'assiet souz un arbre, car li cuers li failloit,
Ses tres beles mains blanches molt souvent detordoit,
A Dieu et a sa mere souvent se conmandoit.

XXIX

En la forest fu Berte qui fu gente et adroite, 765
D'aler aval le bois molt tres forment s'esploite,
Car fors a estre as chans molt durement couvoite,
Mais la voie li est molt diverse et estroite,
Ne set quel part aler por trouver la plus droite.
"Ahi! vielle," fait ele, "tres mauvaise et revoite, 770
Pour quoi m'as envoiie en grant haste et en coite
Dedens ceste forest en essill, en recoite,
Ne gart l'eure que bestes m'i aient acueilloite;
D'avoir paine et travail m'avez bien escueilloite,
De Dieu et de sa mere soiés vous maleoite. 775
Ha! sire Diex, "fait ele, "com sui en male esploite,
D'anui et de paour sui au cuer si destroite,
Et car me secorés, mere Dieu beneoite!"

XXX

La fille Blancheflour, la roÿne au cler vis, [b]
Fu dedens la forest, molt fu ses cuers pensis. 780
Fille fu au roi Floire, qui fu preus et gentis;
S'il savoit ce meschief, molt seroit abaubis;
Une seror avoit qui ot non Aëlis,
Fenme au duc de Sassongne, et si ert quens marchis,
De Brandebourc tenoit la terre et le paÿs. 785
Molt fu de haut lignage Berte, ce vous plevis,
De rois, d'empereours et de princes eslis.
Sous un arbre est assise, molt ot pou de delis,
Vermeille ert conme rose, blanche com flors de lis.
"Ha, Diex! verrai je mais," fait ele, "mes amis? 790
Ainmi, lasse, dolente! com mes cors est malmis,
Dolans et a mesaise, corrouciés et maris,
Povres et esgarés, essiliés et despris!
Ha, Diex! je cuidoie estre montee en molt haut pris
Quant Pepin fui donnee, qui est rois poestis, 795
Et je fui amenee en la cit de Paris,
Mais je voi vraiement, si com moi est avis,
Que ma chose s'en va tous jours de mal en pis."
Piteusement fait crois de ses bras seur son pis.

XXXI

La dame fu el bois desouz un arbre assise, 800
Vestu ot un bliaut par desus sa chemise,
Afublé un mantel, dont la penne fu grise,
Et li dras en fu fais el regné de Lutise;
Bien sambla gentis fenme, grans en fu la devise,
Mais li cuers li failloit, ou n'ot point de faintise, 805
Car si l'avoit atainte et la pluie et la bise
Et la grelle qui s'ert sor sa robe remise,

---

796 Evidently for Adenet the phrase *cité de Paris* was of such common occurrence that he treated it as a unit and dropped the first intertonic *e*. See also v. 1962 below.

Qu'elle chaÿ pasmee sor une piere bise.
Quant vint de pasmoison, sa parole a emprise,
A Dieu s'est conmandee et au cors saint Denise:
"Ha! c'or ne set mes peres, li rois plains de franchise,
Que j'ai sans ma desserte tel mescheance aquise,
Et k'en ceste forest sui si seule et desprise;
Je sai bien que encore fusse par lui requise,
Requerre me feroit d'Espaigne dusqu'en Frise,   815
Mais je ne sai par quoi ne conment n'en quel guise
Soit mais de moi a lui nule nouvele aprise;
Je me conmant a Dieu qui le mortel juïse
Reçut por pecheours; si com je l'aim et prise,
Destourt mon cors de honte que ne soie malmise   820
Ne de beste sauvage devoree ne prise."

XXXII

Berte fu ens el bois assise souz un fo
Sor une riverete c'on apeloit Minclo;   [c]
Ne puet outre passer s'ele n'i passe a no.
"Ha! sire Diex," fait ele, "mon cuer a vous ano,   825
Vueilliés que cors et ame et kancque j'ai soit vo,
Com cele qui dou tout a vous servir me vo."
Si durement s'estoit hurtee a un chaillo
Que parmi son soller ot en son pié un tro,
Si sainnoit com ce fust perceüre de clo.   830
"Ainmi, lasse!" fait ele, "je criasse haro,
Mais je n'os por ces bestes k'en ce bois glatir o;
D'aler ou biens m'aviengne puis je bien dire ho,
Car por ce que j'ai froit, en mon mantel m'enclo;
Mais quel mesaise k'aie, tout adés Dieu en lo.   835
Ha! rois Pepins," fait ele, "vo bien ne sont pas no,
Vous en avés assés, et je en ai trop po."

XXXIII

Berte gist sor la terre, qui est dure com groe;
Il n'ot plus bele dame duskes a le Dinoe.
Sage fu et courtoise, sans chiere et sans cipoe.   840
Ne sai qui ot la fait un sieget d'une hoe,
La s'apoia la bele qui de plorer fu roe,
Car de paine clochoit com chevaus c'on encloe.
En fuiant li ont fait les ronces mainte escroe
De sa robe, et la dame entour li la renoe.   845
Sa colors n'estoit pas de samblance de choe,
Qu'ele estoit aussi blanche conme croie c'on hoe,
Mellee de vermeill et polie com poe.
Uns rainsiaus l'ot atainte par mi sa destre joe
Si angoisseusement que la chars en fu bloe;   850
De travail et de paine fu forment feble et floe,
Mais quoi k'ait a soufrir, Dieu et sa mere en loe,
Bassetement, k'aucune beste parler ne l'oe;
Souvent de son meschief li siens maus li refroe.
"Ahi, Eürs," fait ele, "com me faites la moe!   855
De Fortune me torne diversement la roe,
Quant de si haute honnor sui cheüe en la boe;
Je ne sui pas si aise com li poissons qui noe,
Pres sui k'en autel point que pinchons ou aloe
K'espreviers fameilleus tient saisi en sa groe,   860
Car je ne garde l'eure que a dens ou a poe
Me tiengne ours ou lions qui toute me defroe.
Diex, si com vous savez que je dou tout sui voe,
Vueilliés que vostre mere m'ame de s'amour doe

Si amoreusement que mais ne l'en descloe, 865
Si que en Paradis avoeques li l'encloe,
Car des mains au dyable maint pecheour desnoe." [d]

XXXIV

Molt fist cele jornee felon tans et cuvert,
Et la roÿne pleure, qui suefre et a soufert
Grant travail et grant paine, mais de cuer aouvert 870
Le prent pour Dieu en gré et loiaument le sert,
Car qui ainsi le fait, Paradis en dessert.
"Diex! que nel set ma mere," fait ele, "au cors apert,
Qu'ele Berte sa fille en ceste forest pert;
Molt ot li rois mes peres fol conseil et foubert 875
Qui me charcha la vielle et son cousin Tibert;
Diex m'en doinst tel venjance k'encor soit descouvert
Lor male traÿson devant tous en apert.
Quant je passai le Rin tout droit a saint Herbert,
Ne cuidai pas que ci fussent pris mi herbert." 880

XXXV

En la forest dou Mans fu la roÿne Berte
Et la nuis estoit molt et orrible et desperte;
De chief et de viaire fu presque descouverte,
La roÿne s'en a grant froidure souferte,
Qu'ele ert en la forest toute en la plus deserte, 885
N'i ot fors buissonciaus ou dou vent s'est couverte,
Car selonc son travail estoit forment a perte,
Parmi son dous viaire s'est de son bliaut terte.
Sainte Barbe reclaime, qui fu vraie converte,
Et sainte Katerine; chascune fu offerte 890
Por Dieu a grant martire, s'en orent tel desserte
K'en paradis lor fu la droite porte ouverte,
"Dont doi je prendre en gré, se j'ai fain et poverte;
Diex, si que de vous croire sui fine et vraie et certe,
Me gardés que ne soie prise a beste cuverte 895
Ne mengie en ce bois, ne tornee a tel perte."

XXXVI

Seignor, or escoutés, por Dieu ne vous anuit,
Si orrés vraie estoire dont li ver sont bien duit,
Molt volentiers la doivent oÿr toutes et tuit,
Car il en est molt poi, si com je croi et cuit, 900
Qui de vraie matere a cesti ci s'apuit;
A Saint Denis en France, la ens ai mon acuit,
Ou je trouvai l'estoire dedens un livre estuit.
Li jors va a declin, si aprocha la nuit;
Quant ce voit la roÿne, el parfont bois s'enfuit, 905
En un lieu que bestailles orent fait et estruit,
Abrissiaus i avoit ne sai ou set ou huit.
Grant paour a dou vent qui menoit trop grant bruit,
Souvent s'est conmandee au Damedieu conduit;
Riens c'on peüst mengier n'i ot, ne cru ne cuit, 910
Ne pain ne char, ne vin ne gastiaus ne bescuit; [84a]
Un pou s'est aclinee, qu'ele avoit le chief vuit.
Sachiés que n'i ot gaires ne joie ne deduit
La roÿne qui puis porta le noble fruit
De quoi maint Sarrazin furent mort et destruit. 915

---

871 For God's sake she accepts it willingly. See also line 1019.

XXXVII

Quant ore voit la dame k'ens ou bois li anuite
Et que la vespree ert felennesse et recuite,
Contre vent fait escu d'arbrissiaus, molt i luite;
"Diex," fait ele, "com sui engingnie et souzduite,
Ris et solas et joie m'ont bien clamee cuite, 920
Dedens ceste forest sui povrement deduite;
Je croi ceste muçote que bestes l'ont estruite,
Car ele est, ce me samble, molt diversement duite;
Je ne voi que ma chose a nesun bien s'afruite,
Car se eles me truevent, je sui morte et destruite, 925
Qu'eles me mengeront plus tost crue que cuite,
Tout aussi volentiers com li lus fait la truite.
Diex me puet bien garder que ci m'a aconduite;
Ci endroit remaindrai, je n'i voi autre fuite."

XXXVIII

Povre ostel ot la dame, quant vint a l'anuitier; 930
N'i ot maison ne sale, ne chambre ne solier,
Ne coute ne coussin, linçuel ne oreillier,
Ne dame ne pucele, sergant ne escuier,
Ne tapis estendus por son cors aaisier.
Damedieu reclama, le Pere droiturier. 935
Un moncelet a fait de fueilles d'olivier,
Car ele se cuida un petitet clungnier,
Mais se Jhesus n'en pense, qui tout a a bailler,
Elle aura ja molt tost merveilleus destorbier;
Car doi larron venoient de marcheans gaitier; 940
Il regardent, si voient le bliaut blanchoiier.
Li uns d'aus passe avant, si le corut sachier;
La roÿne saut sus, si prent a formiier,
Cuida que ce fust beste qui la vousist mengier.
Quant cil la vit si bele, si la keurt enbracier, 945
Et l'autres li escrie: "Lai l'ester, pautonnier,
Ele sera m'amie, par le cors saint Richier."
"Voire, sire, car vous la fesistes forgier!
Se plus en parliiés, vous le comparriés chier."
Cil oÿ la menace, le sens cuide changier, 950
Un grant coutel a trait, el cors li va fichier;
Et cil sache s'espee, tel cop l'en va paier
K'ambedoi s'entrabatent tout sanglant sor l'erbier,
Et la roÿne Berte s'est tost mise au frapier,
Et pour le miex fuïr se prist a escourcier. [b] 955
Tant a fuï la lasse tout un estroit sentier
Que l'alaine li faut; el bois se va lancier,
En une drue espesse s'est alee mucier;
Jusqu'a tant qu'il fu nuis ne s'osa redrecier.
Quant la nuis fu venue, si prist a lermoiier: 960
"Ha! nuis, com serés longue, molt vous doi ressoignier,
Et quant il sera jors, si me puist Diex aidier,
Ne sarai ou aler ou avant ou arrier,
Dont y a bien de quoi je me doi esmaier.
De trois choses a l'une me couvient aprochier: 965
Ou je morrai de fain ou de froit sans targier,
Ou je serai mengie ains qu'il doie esclairier;
C'est povre parteüre selonc mon desirrier,
Mere Dieu, car vueilliés vostre douç fill priier
K'a ce besoing me vueille, se lui plaist, conseillier, 970
Dame, si vraiement com j'en ai grant mestier."
Lors se met a genols, la terre va baisier:
"Saint Julien," fait ele, "vueilliés moi conseillier!"

Sa paternostre a dite, que n'i volt detriier,
Sus son destre costé s'est alee couchier, 975
De Dieu et de sa mere se conmence a saignier,
Plorant s'est endormie; Diex la gart d'encombrier!

XXXIX

En un molt divers lieu d'encoste une bruiere
Ens ou pendant d'un tertre, delés une riviere,
Dort la roÿne Berte, souz son chief une piere; 980
A Dieu s'est conmandee et au baron saint Piere,
Et a la mere Dieu, la douce dame chiere,
Et a saint Julïen qui fu vrais herbergiere.
A ses mains avoit trait un petit de feugiere,
Si en avoit couvert et son vis et sa chiere 985
Au miex qu'ele pooit, et devant et derriere,
Car molt doutoit la bise qui ert trenchans et fiere,
Ne les ronces n'ont pas laissi[é] sa robe entiere,
Et s'estoit joene et tenre com rousee en herbiere.
Molt ert sage et courtoise et de bonne maniere, 990
N'ot pas plus de seize ans quant la vielle sorciere
L'amena de Hongrie, cui la male mors fiere
Et Tibert son cousin, qui ert faus et trichiere;
Grant honte leur envoit la Dame droituriere!

XL

Ens ou bois ert la dame, qui n'ert pas asseür; 995
Plus fust asseüree s'ele fust a Namur,
Qu'ele estoit dou lignage au bon conte Glausur,
Qui l'escu portoit d'or a un lyon d'azur
Et tint de par sa fenme la terre de Saumur, [c]
Puis fu mors en bataille outre mer devant Sur, 1000
Ou de gens sarrazines ot estour molt tres sur.
Ne croi qu'il eüst dame de la dusqu'a Delphur
Qui de si grant afaire fust a tel meseür;
Damediex par sa grace li renvoit boneür,
Car de tres fin cuer l'aime, de vrai et de meür. 1005
De paine et de travail dort si fort et si dur
Desouz un arbrissel lés un viés petit mur
Que on ne l'esveillast pas dou son d'un tabur.

XLI

Berte dort enz el bois deseur la terre dure,
Et la nuis estoit molt et hideuse et oscure. 1010
Et molt estoit li airs de froide tempreüre,
Et la dame n'ot pas assés de vesteüre
Selonc ce qu'ele ert joene et tenre creature,
Mais ele par estoit de si fine nature,
De foi et de creance si certaine et meüre, 1015
Com cele qui n'avoit fors de bien faire cure,
K'en Dieu croire et amer ot si mise sa cure
Que plus li ert la chose fors et pesans et dure,
Prent pour Dieu plus en gré tous les maus qu'ele endure.
Devant la mienuit li tans un pou s'escure 1020
Et la lune est levee et bele et clere et pure,
Et li vens est cheüs et li tans s'asseüre;
Il laissa le venter, s'amenri la froidure.

XLII

Endroit la mienuit laissa il le venter.
La roÿne s'esveille, si prent a souzpirer, 1025
De la paour qu'ele ot conmença a trambler;
A destre et a senestre conmence a regarder,

Cuida que il fust jors pour ce qu'il faisoit cler.
"Ha! sire Diex," fait ele, "quel part porrai aler
Ou a mengier peüsse un petitet trouver, 1030
Car j'ai si tres grant faim que ne sai que penser."
Lors conmence la dame tenrement a plorer
Et son pere et sa mere forment a regreter:
"Ahi! ma douce mere, tant me soulies amer,
Et vous, biaus tres dous peres, baisier et acoler; 1035
Jamais ne me verrés, ce puis je bien jurer!"
A genols et a coutes vet la terre encliner.
"Ha! sire Diex," fait ele, "tu te laissas cloer
Ens en la sainte crois, por ton pueple sauver,
Dont vous doit bien chascuns servir et honorer; 1040
Qui plus a a soufrir, plus vous doit aorer,
Car vous le poés, Sire, si bien guerredonner
Ceaus qui ainsi le font, ce sai je sans douter,   [d]
K'en vo saint paradis les faites coroner;
Puis qu'il vous plaist, biau sire, que j'aie a endurer, 1045
Je vueil por vous mon cors traveillier et pener;
Or me vueilliés, biau sire, de ce perill geter.
Je vueil por vostre amour ici endroit voer
Un veu que je tenrai a tous jors sans fausser,
Que jamais ne dirai, tant com porrai durer, 1050
Que soie fille a roi, ne k'a Pepin le ber
Soie fenme espousee, jamais n'en quier parler;
G'iroie ains d'uis en huis mes aumosnes rouver,
Se ce n'est par un point, celui en vueil oster:
Je le diroie avant, por moi faire douter, 1055
Que dou cors me laissasse honnir ne vergonder;
Ma virginité vueil, se Dieu plaist, bien garder,
Car qui pert pucelage, ce est sans recouvrer;
Diex me doinst et sa mere de mon veu si ouvrer
Que a leur amour puisse droite voie assener!" 1060
Une ondee revint, si prist a plouviner,
Lors remuce ou buisson, si lait le tans aler.

XLIII

Berte la debonnaire a molt grant meschief ere,
K'a l'ajorner fist tans de molt froide matere.
"Ha! Diex," fait ele, "sire, vrais rois, vrais gouvernere, 1065
De mon cors et de m'ame soiés vous hui gardere,
Car la nuit k'ai passee ai trouvé molt amere,
De moi faire a soufrir n'a pas esté avere.
Ahi! veille," fait ele, "et Tibert, mauvais lere,
Vostre grant traÿson m'est vis que je compere; 1070
Diex par sa pitié doinst que encore vous pere!"
Ains que gaires de jor la endroites apere,
S'en depart la roÿne, car la lune luist clere.

XLIV

Par la forest dou Mans, si qu'il fu ajorné,
S'en va Berte as grans piés, n'i a plus demoré, 1075
Souvent reclaime Dieu, le roi de majesté.
Une fontaine trueve, si en but a plenté.
Aprés ot si grant froit qu'ele a forment tramblé,
Ne set conment le froit puist avoir eschivé.
Un petit sentier a la roÿne trouvé, 1080
En cel sentier s'embat, n'i a plus aresté.
Tant a celui sentier porsiui et alé
C'un hermitage trueve, Dieu en a aoré;

1054 'Except in one detail, of which I make exception.'

Bien sambloit l'ermitage de viel antiquité.
Cele part est alee, si a l'uisset hurté, 1085
D'un maillet qui la pent a sor l'uis assené,
Et l'ermites i vient, qui fu plains de bonté; [85a]
Un tres petit huisset a tantost desfermé.
Quant Berte voit l'ermite, de Dieu l'a salué;
"Frans hom," fait ele, "ouvrés, por sainte charité, 1090
Tant que mon cors eüsse un petit eschaufé,
Car molt sui traveillie et plaine de lasté."
Quant cil la vit si bele, le cuer ot trespensé,
Forment fu esbahis de sa tres grant biauté.
"Diex," fait il, "je vous tieng a mon droit avoé, 1095
Ne soufrés k'anemis ait sor moi poesté.
Dont vient si bele fenme parmi ce bois ramé?
Ainc mais ne vi si bele en trestout mon aé;
Li dyables me cuide bien avoir engané,
Mais n'i ara pooir, se Diex me doinst santé." 1100
Devant son vis fait crois, puis li a demandé
S'ele estoit de par Dieu, molt l'en a conjuré.
"Sire," fait ele, "oïl, mon cuer li ai donné."
"Et dont estes vous nee? dites en verité."
"Sire, une fenme sui plaine de povreté, 1105
Laissiez m'entrer leëns, tout vous sera conté
Qui sui et que je quier, ja ne vous iert celé."
"Bele," ce dist l'ermites, "ne l'ai pas enpensé
Que ceans entre fenme ne yver ne esté,
K'ainsi ont no menistre cest ordre devisé; 1110
Il a passé maint an k'ainsi fu ordené;
Vous n'i enterrez pas, car ainsi l'ai voué."
Quant Berte l'entendi, tenrement a ploré,
Et l'ermites li a de son pain presenté,
Noirs ert et plains de paille, ne l'ot plus buleté. 1115
Berte le prent et dist que Diex l'en sache gré,
Mais si fu traveillie qu'ele n'en a gousté,
Nes un tout seul morsel n'en a ele avalé.
Quant l'ermites le voit, si en a souzpiré,
Ne s'en pot astenir, des iex en a larmé; 1120
De bone part li samble, si en a grant pité.
Il l'eüst ens laissié, ja n'en fust trestorné,
Mais il avoit le cuer si plain de loiauté
Qu'il redoutoit que il n'eüst son veu faussé.

XLV

"Bele," dist li preudons, "ne soiés si iree, 1125
Bien vous est avenu a ceste matinee;
Se croire me volés, bien serés assenee.
A la maison Symon soit vo voie aprestee,
Et Constance sa femme qui est sage et senee;
Bone gent sont et sage et de grant renonmee. 1130
La serés herbergie et tres bien eschaufee, [b]
K'ainc ne vi meilleurs gens, si soit m'ame sauvee."
"Sire," ce a dit Berte, "je sui molt trespensee,
Car je n'i sai la voie, s'ele ne m'est moustree."
"Bele," ce dist l'ermites, "ne soiés esfreee, 1135
Entrés en cel sentier, n'en issiés por riens nee."
"Sire Diex le vous mire, qui fist ciel et rousee,
Car je sai vraiement, morte sui et alee
S'encore gis ennuit en la forest ramee,
K'ennuit i ai esté povrement ostelee; 1140
Se j'avoie cent vies, par la Virge honnoree,
Ne m'en porroit pas estre une seule eschapee."
Quant l'ermites l'entent, la porte a desfermee,

En la voie la met, a Dieu l'a conmandee,
De la pitié k'en a mainte lerme a ploree; 1145
Et Berte rentre ou bois, dolente et tormentee.
Quant ele ot une piece la sentelete erree,
Une ourse a encontree en une grant valee,
Qui vers li s'en venoit corant gueule baee.
Quant Berte l'a veüe, molt fu espoentee: 1150
"Aÿde, Diex," fait ele, "qui fist la mer salee,
Pere de paradis, or est ma vie outree."
De la paour qu'ele ot est cheüe pasmee,
Et l'ourse s'en depart, autre voie est tornee;
Molt tost eüst Bertain mengie et estranglee, 1155
Mais Diex l'a garanti et sa mere honneree;
Ne lor plot k'ainsi fust Berte a sa fin alee.
Quant vint de pasmoison, si fu desseüree
K'a pou que ele n'ot sa voie entroubliee.
A l'aÿde de Dieu sa voie a rassenee, 1160
Car ce que ne voit l'ourse l'a molt asseüree;
La mere Dieu de li fu souvent reclamee.
Ne povoit mais aler, car forment ert lassee,
Car la fain et li frois l'avoit si adolee,
Que, se Diex nel fesist, c'est verités prouvee, 1165
Ne peüst vers tel paine avoir nule duree
Selonc sa norreture dont ele ert gouvernee.
A ce point l'a Symons li voiiers encontree.
Si tost com l'a choisi, a sa resne tiree,
Grant pitié ot pour ce qu'ele ert si esploree. 1170
Quant vit son mantel gris dont ele ert afublee
Et sa cote qui ert en maint lieu depanee
Des ronces qui l'avoient ens ou bois desciree,
Et vit Berte si blanche et si encoloree,
Forment s'esmerveilla qui la l'ot amenee, [c] 1175
Ne ou si bele fenme pooit estre trouvee.
Quant Berte le choisi, tantost s'est arrestee;
Symons li vient devant, de Dieu l'a saluee;
Son salu li rent Berte conme sage et senee:
"Sire, que la vostre ame soit de Dieu coronnee! 1180
Car me moustrés la voie, s'il ne vous desagree,
A la maison Simon, c'on la m'a molt loee,
Si arés fait aumosne, car molt sui esgaree;
Je ne menjai pieç'a, toute sui afamee,
Et de froit en ce bois sui ennuit engelee." 1185

XLVI

Quant Simons ot Bertain parler si faitement,
Bien samble gentill fenme, molt grant pitié l'en prent,
Si que l'aigue dou cuer sus sa face en descent:
"Bele, qui estes vous? dites seürement."
"Sire," ce dist la dame, "jel vous dirai briement: 1190
Devers Aussai fui nee, sachiez certainement;
Molt a eü grant guerre ou paÿs longuement;
Fille un vavasseur sui c'on apeloit Climent,
Qui en perdi sa terre et tout son chasement.
Tout fumes essillié et tout nostre parent; 1195
Par estrange paÿs queriens chevissement.
Une marrastre avoie—Damediex la cravent—
Qui tous jors me batoit molt dolereusement
Et de poins et de piés, et menu et souvent;
Je nel poi plus soufrir, ne me vint a talent, 1200
D'aus m'enblai l'autre jor, molt forment m'en repent,
Car puis en ai soufert grant paine et grant torment.
Uns hermites me dist orains molt doucement

Que se venir pooie, par nul assenement,
Chiés Simon le voiier, molt y a bone gent, 1205
Herbergie seroie et bien et liement,
Mais je n'i sai la voie, s'en pleure molt souvent.
Gentiex hon debonaires, por Dieu, car la m'aprent,
Si ferés grant aumosne, par Dieu omnipotent."
"Bele," ce dist Symons, "or ne plorez noient, 1210
Cil sui que demandez, sachiés le vraiement."
Quant Berte l'entendi, ses mains a Dieu en tent,
Ne pot parler de joie quant le preudome entent.
En sa maison l'en maine le passet belement;
Symons huche sa fenme, Constance o le cors gent, 1215
Molt estoit preude fenme et de bon escient.
"Regardés, suer," fait il, "dont je vous faz present,
Trouvé l'ai en ce bois trop merveilleusement;
Conté m'a son affaire et tout son errement, [d]
De bon lieu est venue, par amour pensez ent; 1220
Ennuit a jut el bois molt perilleusement,
Molt forment me merveil, par le cors saint Vincent,
Conment est eschapee les bestes telement;
Ele est toute engelee et s'a fain molt forment.
Or soiés bien songneuse de son respassement." 1225
"Sire, si serai je, ce vous ai en couvent."
Par la main la saisist molt tres courtoisement.
Berte pleure de froit et dou mal qu'ele sent,
Et Constance en lermie molt tres piteusement.
En sa chambre l'en maine, delés le feu l'estent, 1230
Et ses deus beles filles, sachiés, molt humblement
La frotent et eschaufent de cuer songneusement,
Et de pitié en pleure chascune tenrement.
Quant Berte sent le feu, a Dieu graces en rent.

XLVII

A la maison Symon, ne quier que vous en mente, 1235
Fu Berte la roÿne; forment li atalente
Ce qu'ele est eschapee de si male tormente.
De son meschief estoit Constance molt dolente,
Et ses filles aussi chascune se gaimente.
L'une ot non Ysabiaus et l'autre ot non Aiglente, 1240
Bones erent et beles et de joene jovente,
Chascune ert de maniere et bone et bele et gente;
A Bertain aaisier met chascune s'entente:
A mengier li aportent, chascune l'en presente,
Mais ele avoit ou bois reçut si male rente 1245
Que de pluseurs meschiés ot eü plus de trente,
Si que ne pot mengier, tant fu et feble et lente.
"Ha! ermites," fait ele, "Diex t'ame o lui assente,
Quant pour ici venir me mesis en la sente,
Car mes cors estoit mis a dolereuse vente 1250
Ens ou bois ou fait froit, car il i pluet et vente."
Tout en plorant de joie, delés le feu s'adente.

XLVIII

Grant pitié ot Constance quant vit plorer Bertain,
Et Symons et ses filles chascune ot cuer certain,
Et douç et debonaire, piteus et fin et sain; 1255
A Bertain aaisier met chascune la main,
Et Symons fait le feu, qui n'ot pas cuer vilain;
Entour li font estendre tapis et blanc estrain,
Toailles eschaufees li boutent en son sain.
"Constance," dist Symons, "je croi bien qu'ele ait fain," 1260
"Sire, si mengera, par le cors saint Germain."

"Dame," ce a dit Berte, "molt miex a chaufer m'ain,
Si ne menjai je riens, ce sachiés, des ier main; [86a]
Nonpourquant me donna l'ermite de son pain,
Mais je n'en poi mengier, tant avoie cuer vain." 1265

XLIX
Ce fu par un lundi, au chief de la semaine,
Que Berte fu trouvee en la forest dou Maine,
Ou ele ot molt soufert de travaill et de paine,
Mais Diex, qui est donneres de joie souveraine,
Li a a cel lundi envoié bonne estraine, 1270
Selonc ce que ele ert de ses amis lointaine,
Car Diex maint desvoiié a voie ramaine.
Symons ist de la chambre, toute la gent en maine,
Fors Constance et ses filles; Berte lor fu prochaine,
De li bien aaisier chascune molt se paine. 1275
La char avoit plus blanche que ne soit blanche laine,
Et les cheveus plus blons que onques n'ot Elaine.

L
Berte fu chiés Symon enz el grant bois ramu,
Constance et ses deus filles en ont pitié eü;
Bien en moustrent samblant, et bien y a paru; 1280
Que ce qu'eles en font, a Bertain molt valu;
Un petitet mengue quant reposee fu.
"Bele," ce dist Constance, "que vous est avenue,
Dont venés vous si seule parmi ce gaut fueillu?"
Berte de son afaire li a tost respondu, 1285
Tout ainsi k'a Symon l'avoit reconneü.
"Bele," ce dist Constance, "par Dieu le roi Jhesu,
Mal fustes conseillie, tart vous en a chalu,
Quant por vostre marrastre vo pere avés perdu;
Sachiés, vous en avés mauvais conseil creü." 1290
"Dame, vous dites voir, ainsi m'est mescheü,
Je croi k'a moi requerre ont molt petit tendu;
Ne donroient de moi la monte d'un festu."
Par ceste escusion a bien son veu tenu,
C'onques tant qu'ele pot ne fu par li seü. 1295
Cel jour s'est bien chaufee Berte delés le fu
Et a a son plaisir et mengié et beü.

LI
"Bele," ce dist Constance, "ne soiez esperdue.
Conment avés a non? que bien soiés venue!"
"Dame, j'ai a non Berte, si soit m'ame assolue." 1300
"Ce soit a vostre joie, qui vous soit avenue!
Ainsi a non la dame qui a Pepin est drue,
Fille au roi de Hongrie, n'a mieudre souz la nue,
Chascuns dist k'ains ne fu plus bele riens veüe."
Quant Berte l'entendi, tous li sans li remue, 1305
Poise li que de non ne s'est desconneüe.
"Bele," ce dist Constance, "mesaise avés eüe, [b]
Car longuement avés esté ou bois perdue?"
"Dame, des ier matin, toute en sui confondue;
Ennuit me sui ou bois toute seule geüe, 1310
Mainte ronce i trouvai et mainte espine ague,
Qui m'ont toute ma robe desciree et rompue,
Mainte trace m'ont fait par desus ma char nue,

1288 'you were slow in giving the matter proper thought'
1294 Cp. the meaning of *escusion* here with *nous escuserons* in line 1860.

Car de paour fuioie conme une beste mue;
L'amour que m'avés faite vous soit de Dieu rendue. 1315
Bien a Diex et sa Mere esté hui en m'ayüe
Quant je si matin sui de la forest issue:
Bien m'avez reschaufee et molt bien repeüe,
Grant mestier en avoie, toute estoie vaincue."

LII
    Forment se repent Berte que son non lor a dit, 1320
Ele amast assés miex que ele eüst mentit.
"Constance," dist Symons, "faites li faire un lit,
Tant c'un petit eüst reposé et dormit,
Car ou bois a ennuit eü pou de delit."
"Sire," ce a dit Berte, "de Dieu vous soit merit! 1325
Or ne puis je pas dire que m'eüst en despit
Li bons preudons hermites qui hui si main me vit,
Qui m'ensaigna la voie, de s'ame ait Diex mercit!
S'il ne fust, morte fusse, n'i eüst contredit."
Puis dist entre ses dens, que nus ne l'a oÿt: 1330
"Cil Diex qui de la Virge en Bethleen nasquit,
Il confonde Tibert, le mauvais, le faillit,
Et Margiste la vielle, qui ainsi m'a traÿt!
Ne cuida pas mes peres, li rois au cuer hardit,
Ne Blancheflor ma mere, ne ma suer Aëlit, 1335
Que pour tele aventure me donnassent marit.
Bien sai, se le savoient, que maint cuer alentit
Aroit en leur roiaume et dolent et marit."
Lors conmence a plorer, le cuer ot abaubit.

LIII
    "Berte," ce dist Constance, "ne soiés desconfite, 1340
Vo marrastre vous a et batue et laidite,
Sachiés que ele a fait que mauvaise et despite,
Diex l'en rendra encor, sachiez, tout son merite.
De mauvaise marrastre est l'amours molt petite;
Laissiés tout ce aler, n'en soit parole dite, 1345
Car dedens cest ostel ne serés pas sougite,
Un mois vous doing l'ostel trestout a vostre eslite,
De riens que conmandez ne serés ja desdite."
"Dame," ce a dit Berte, "ce don ne claim pas quite;
Damediex le vous mire et le preudome ermite; 1350
Que dou Pere et dou Fill et dou Saint Esperite   [c]
Soit vostre ame et la seue hui ce jor beneïte."

LIV
    En la bele forest ou ot maint haut sapin,
En la maison Symon et Constance au cuer fin,
Fu Berte la roÿne; molt tint le chief enclin, 1355
Molt souvent prie Dieu qu'il envoit bone fin
Celui qui cele part la mist ens el chemin.
Molt en pense Constance de vrai cuer enterin,
Et ses filles andeus, Diex lor doinst bon destin!
Li une li aporte a mengier d'un poucin, 1360
Et l'autre li retrempe de fresche aigue son vin,
Puis la recuevrent chaut et de gris et d'ermin,
Molt s'en painent de cuer au soir et au matin;
Diex, que ne sevent ore qu'ele est fenme Pepin!

LV
    A la maison Symon, en la chambre perrine, 1365
Se gist Berte as grans piés desous une courtine.
Diex, que ne set Constance que ce soit la roÿne

Que on eüst ainsi laissie en la gaudine!
Se ele le seüst, molt fust a li encline,
Quant or endroit li est si prochaine voisine. 1370
Berte se fait amer com cele qui ne fine
De servir plus a gré c'une povre meschine,
Car ele ert apensee et bonne et sage et fine,
Ne briseroit son veu pour soufrir decepline,
Ainçois se lairoit traire le cuer souz la poitrine, 1375
Com cele qui ert plaine de foi tres enterine.
Bien li moustre Constance k'a li n'a pas haÿne,
Plus l'aime que ses filles pour sa bonne doctrine.

LVI

Les deus filles Constance, ne vous en mentirai,
Sorent d'or et de soie ouvrer, car bien le sai; 1380
Delés eles sist Berte, qui molt ot le cuer vrai.
Quant ot veü lor oevre, si dist: "Je vous ferai
Une oevre, s'il vous plaist, que vous aprenderai;
Ma mere fu ouvriere, nee fu vers Aussai."
"Berte," dist Ysabiaus, "bon gré vous en sarai." 1385
Lors prent Berte a ouvrer si com je vous dirai,
Si come a Saint Denis en escrit le trouvai;
N'avoit meillor ouvriere de Tours jusqu'a Cambrai.
"Ysabiaus," dist Aiglente, "ne le vous celerai,
A cesti n'en savons la montance d'un glai; 1390
A ma mere m'en vois corant, li noncerai,
Se Berte nous eschape, jamais joie n'arai."
Corant vint a sa mere, n'i mist pas lonc delai:
"Dame, foi que je doi Dieu et saint Nicholai,
Berte est la mieudre ouvriere que j'onques esgardai; [d] 1395
Sachiés, s'ele s'en va k'avoec li m'en irai,
Ysabiau ma sereur mie n'i laisserai."
"Taisiés vous, bele fille, k'o moi la retenrai;
Se ele veut bien faire, jamais ne li faurrai,
Et s'ele le dessert, je la marierai; 1400
Ensamble vous et li vous acompaignerai,
Vous deus dedenz ma chambre ensamble coucherai."
De joie en rist Aiglente de fin cuer et de gai.
"Bele mere," fait ele, "Dieu en gracierai
Quant je tele conpaigne avoeques moi arai, 1405
C'onques si douce chose ne vi ne n'acointai:
Ele est plus gracieuse ne soit la rose en mai."

LVII

Constance entre en la chambre, qu'ele plus n'i delaie,
Et Aiglente sa fille, qui molt fu lie et gaie;
Bertain truevent ouvrant oevre tres fine et vraie, 1410
D'ouvrer bien et a droit molt petitet s'esmaie.
Quant Constance le voit, tous li cuers l'en apaie:
"Berte," ce dist Constance, "or n'est il riens que j'aie
No soit a vo conmant, n'ai talent k'en retraie,
Or vous metés dou tout en la moie manaie, 1415
Et je soie honnie se je bien ne vous paie."
"Damediex le vous mire, par cui li solaus raie,
Tres bien vous servirai, quel paine que j'en aie."

1390 *a cesti* 'compared to her.'

LVIII

"Dame, o vous remaindrai, puis qu'il vous plaist ainsi,
Li vrais Diex le vous mire qui onques ne menti; 1420
L'eure soit beneoite que je onques vous vi."
A tous se fist amer Berte, tant vous en di;
Mais de li vous lairons ore a parler ici,
Et quant lieus en venra, tost i serons verti.
Avoec Constance fu bien nuef ans et demi, 1425
Et avoeques Simon, qu'el trouva bon ami.
Tant fist que leëns n'ot plus souverain de li,
De tout portoit les clés, qu'ele l'ot desservi;
Ne vivoit fors de pain et d'aigue au samedi,
Et si vestoit la haire tous jors le venredi, 1430
En l'onnor de Jhesu qui pardon fist Longi,
Et de sa douce mere de cui vint et nasqui.
Por le roi Pepin prie, nel mist pas en oubli,
Que Diex le gart et s'ame face en la fin merci.
Le roy Floire son pere regrete molt aussi, 1435
Et Blancheflor sa mere, qui soef la norri.
"Ahi, mere," fait ele, "com ariés cuer mari,
Se vous saviés conment la serve m'a traï, [87a]
Vous m'avés mariee a un riche mari,
Car je sui mariee a Dieu qui ne menti: 1440
C'est li rois souverains a cui dou tout m'afi;
Qu'il soit garde de vous si que de cuer l'en pri,
Et dou bon roi mon pere, le chevalier hardi."

LIX

Ci lairons de Bertain cui Jhesus beneÿe,
Qui avoeques Constance a pris herbergerie 1445
En la maison Symon, en la forest antie;
Molt erent bonne gent et de tres sainte vie.
Ains qu'ele i eüst més anee ne demie,
L'orent si enamee en cele manantie,
Et Symons et Constance et toute leur maisnie 1450
Et leur enfant trestout l'orent si enchierie
Qu'il l'amoient de cuer conme bien ensaignie.
Symons en fait sa niece, et Constance s'amie,
Chascuns li porte honnour, douçor et conpaignie.
De Pepin vous dirons a la chiere hardie, 1455
Et de la male vielle qui sa dame a traÿe,
Et d'Aliste sa fille, cui li cors Dieu maudie.
Droit aprés ce que Berte fu de Paris partie
Et en la grant forest et menee et ravie,
Que Tybers et li autre l'orent iluec laissie, 1460
Fu li rois a Paris, la cité seignorie.
Bien cuidoit vraiement, de ce ne doutés mie,
Que il eüst sa fenme o lui en sa baillie,
Et que la serve fust fille au roi de Hongrie.
Entroés que Berte fu de Pepin esloignie, 1465
Gaigna il deus enfans en la serve haïe;
L'uns ot a non Rainfrois, plains fu de tricherie,
Et li autres Heudris, faus fu et plains d'envie;
Damediex les confonde, li fiex sainte Marie,
Car puis fu par aus deus mainte gent essillie 1470
Et mainte traÿson portraite et porchacie,
Ainsi com vous orrés, s'il est qui le vous die.
Cele serve ot en France la terre si honnie,
Par le conseil sa mere, l'orde vielle froncie;
Mainte male coustume i ot cele establie: 1475
Taille et tonlieus assist ou paÿs par maistrie,

De quoi la povre gent estoit molt mal baillie,
Et la terre en fu molt en maint lieu apovrie.
Encor le maintient on a Paris la garnie,
Despuis en fu la vile assés plus asservie   1480
Qu'ele n'estoit devant, puis n'en fu netiie.
Voirs est que on arree tel chose a la fiie
Que, s'on l'avoit juré, nel desferoit on mie.   [b]
Il n'avoit ou paÿs prioré n'abeÿe
Dont la serve n'eüst outrageuse partie.   1485
Il n'i ot si hardi qui riens li contredie,
Car molt forment doutoient sa tres grant felonnie,
Que, plus faisoit la serve outrage et dyablie,
Plus en estoit sa mere baude et joians et lie.

LX

Trestous li premiers enfes qu'ot la serve et li rois,   1490
Bien avés oÿ dire qu'il ot a non Rainfrois;
L'autres ot non Heudris, fel furent et revois.
En Hongrie en alerent messagier par deus fois
Au roi Floire, qui ert et sages et courtois,
A Blancheflor sa fenme, qui avoit les crins blois.   1495
Les messagiers donnerent chevaus et palefrois,
Avoir et grant richoise orent tout a leur chois.
De retorner arriere fu tost pris li conrois,
En France s'en revinrent a molt riche harnois.
Se seüst li rois Floires conment sa fille ou bois   1500
Fu ne en quel maniere, ne fust pas esbanois.
Sa fille la duchoise et ses fiex Godefrois
Morurent tout ensamble, vraiement le sachois,
Aprés le mariage Bertain, quatorze mois.
Dolans en fu rois Floires, ce fu raisons et drois.   1505
Une fille en remest, hoirs fu des Sassoignois,
Puis li toli Sassoigne uns rois sarrazinois,
Bours et chastiaus et viles, fermetez et destrois,
Pour ce que si ancestre l'orent tenu ainçois;
Justamons ot a non, maistres fu de lor lois.   1510
Aprés l'ot Guithechins, qui ainc' n'ama François;
Cil fu fiex Justamont, molt fu de grant bufois,
Car bien cuida conquerre et France et O[r]lenois,
Champenois et Borgogne, et Flamanc et Englois;
Jusqu'a Colongne fu, la il fist mains desrois.   1515
Longuement tint Sassoigne, k'ains nus n'i fist defois,
Mais puis fu reconquise par Frans et par Tyois.
Au reconquerre furent li baron Hurepois,
Et Flamenc li euwage, Brabençon, Ardenois;
Mais de ceste matere or endroit plus n'orrois,   1520
A la premiere estoire ou or fui m'en revois.

LXI

Dolans fu li rois Floires, car molt forment li poise
De ce que morte estoit sa fille la duchoise
Et Godefrois ses fiex, qui tint la tour d'Argoise;
N'ot plus d'oirs de son cors fors Berte la courtoise,   1525
Damediex la consaut quel part que ele voise!
Arriere revenrai a nostre gent françoise,
Qui voient tout a vue que la serve les boise
Et k'a force leur tolt leur biens et leur richoise.
Nes en la bucherie prent la disime boise,   1530
N'est nus qui en parole ne qui en face noise,
Nus n'en ose parler, l'uns por l'autre s'acoise.

LXII

Forment se fist la serve et douter et cremir,
Tant fist que molt forment se fist partout haÿr.
Deseur les marcheans fist coustume asseÿr, 1535
Et quant nus en parloit, ce sachiés sans mentir,
As serjans le faisoit Tibers tantost saisir,
Et puis le faisoit tant en la prison gesir
Que cil estoit tout liés qui s'en pooit partir.
Chascuns redoutoit molt en lor mains a chaÿr, 1540
Miex amoient dou leur a donner k'a morir
Ne que en la prison les feïst on languir.
Grant avoir assamblerent, Dieu les puist maleÿr!
Car li rois les laissoit de trestout couvenir,
K'en la serve avoit mis cuer et cors et desir. 1545
Qui bien la regardast a droit et a loisir,
Bien desist que plus bele ne peüst on choisir,
Mais tant estoit mauvaise que Dieu nes obeÿr
Ne vouloit, n'au moustier ne aler ne venir;
Ainc puis qu'eles leur dame vorrent faire murdrir 1550
Et que premiers les prist talens de li traÿr,
Entre li et sa mere cui Diex puisse honnir,
Et que Tibert i firent avoec aus assentir,
Ne porent une messe entiere paroÿr,
Car Diex ne le vouloit, ce sachiez, consentir; 1555
Diex consent mainte gent traÿson a fournir,
Mais en la fin le set Diex si a point merir
Que leur traÿson pert ains qu'il puissent morir,
Car Diex fait mainte fois droit a droit revenir.

LXIII

Tant fist la male serve, cui Diex doinst mal martire, 1560
Ou roiaume de France, par force et par maistire,
Seur trestoutes les choses que faire i pot eslire,
Seur poivre, seur conmin, seur espices, seur cire,
Et seur blés et seur vins, tout fist ensamble escrire,
Ne saroie pas tout deviser tire a tire. 1565
Tant d'avoir assambla que nel saroie dire,
Dont mainte povre gent en orent dueil et ire;
Son tresor la faisoit souvent de joie rire,
Mais se ele fust sage, miex le deüst despire,
K'en la fin l'en couvint tenir devers le pire. 1570

LXIV

Molt assambla la serve en France grant avoir, [d]
Tout par tout le prenoit ou le pooit avoir;
Mainte gent povre et riche en fist le cuer doloir,
Molt avoit grant desir d'acomplir son vouloir,
K'en assambler tresor avoit mis son espoir, 1575
Mais foi et loiauté ot mis en nonchaloir,
Tant fist de males teches ou roiaume asseoir
K'encor s'en pueent cil qui or sont percevoir.
Un jour estoit rois Floires a un sien grant manoir,
Tout droit en Honguerie un diemenche a soir, 1580
Delez lui Blancheflor, qui cuer ot triste et noir
Por sa fille Bertain que desire a veoir.
"Dame," ce dist rois Floires, "or n'avonmes nul hoir
Fors Berte, qui me fait souvent le cuer doloir,
Que si en sus de nous est alee manoir; 1585
Le petit Heudriet vorroie bien avoir,
Si li donriens no terre et trestout nostre avoir;
Se Diex li donnoit vie, qui seur tous a pooir,

Rois seroit de Hongrie, ne porroit remanoir;
En France envoierons savoir s'il puet valoir, 1590
Bien le vorroit Pepins ainsi com je l'espoir."
"Cis consaus," dist la dame, "me plaist et doit chaloir."

LXV
Un mardi par matin, ce tesmoigne l'estoire,
Envoierent en France Blancheflor et rois Floire
Un certain messagier qui bien faisoit a croire; 1595
Por bien faire un message n'estuet pas c'on le loire,
Ne ressambloit pas ceaus qui tant font par trop boire
Que il en perdent si le sens et le memoire
Qu'il ne saroient pas dire parole voire.
Bien et tost et a droit apareilla son oire 1600
Et fu tres bien montés sor une mule noire;
Trop fust grans la jornee qui le fesist recroire.
Droit en France s'en vint, ne m'en devés mescroire;
Le roi Pepin trouva a Tours qui siet sor Loire.

LXVI
Quant li messages ot son afaire apresté, 1605
Au roi Pepin s'en va, n'i ot plus aresté.
Bel et courtoisement a le roi salué
Et de par le roi Floire li a le brief donné.
Li rois oevre la cire, s'a dedens esgardé
C'un de ses deus enfans li a Floires mandé, 1610
Et Blancheflor aussi, par molt grant amisté;
Et bien truevent es lettres que il ont devisé
Qu'il iert rois de Hongrie et de leur ireté,
Et qu'il n'ont mais nul hoir, c'est fine verité,
Et qu'il sont trestout mort et a leur fin alé, [88a] 1615
Fors seulement Bertain ou tant a de biauté.
Quant Pepins l'entendi, si en ot grant pité;
Lors s'assist au mengier si tost qu'il ot lavé.
Et no François en ont le messagier mené
A la fausse roÿne, cui Diex doinst mal dahé. 1620
Ainsi fist son message c'on li ot conmandé;
Les lettres li bailla si c'om li ot rouvé.
Grant joie en fist la serve, forment l'a honnoré;
Quant ele ot lut les lettres et ele ot ens visé
Que il n'est au roi Floire nul enfant demoré 1625
Fors Bertain la roÿne, que tienent en chierté,
Par traÿson en a un petitet ploré,
Et Margiste sa mere en a molt souzpiré,
Com cele qui estoit plaine de fausseté
Et de grant traÿson et de desloiauté; 1630
Damediex la confonde, li rois de majesté!
Quant li mes ot assés a la dame parlé,
Devant le roi en mainent le mes, la a disné;
Dusques a l'endemain a a Tours sejorné.

LXVII
L'endemain par matin, droit aprés l'ajornee, 1635
Se leva li messages, n'i volt faire arrestee,
Au moustier saint Martin a la messe escoutee,
Congié prent a la serve quant ele fu levee,
La serve a, et Margiste, a Jhesu conmandee;
Lettres li ont baillies en cire saielee. 1640
Par samblant lait la serve dolente et esploree;
Puis vint devant Pepin en la sale pavee;
Quant li rois l'a veü, si li dist sa pensee:

"Amis, vous en irés en la vostre contree,
Salués moi roi Floire par bonne destinee, 1645
Et Blancheflor ma dame, la roÿne senee;
De leur anui me poise, par la Virge honneree,
Mais si vienent les choses que Dieu plaist et agree;
De Heudriet mon fil, dites li por riens nee
Ne seroit pas sa mere un seul jor consiurree." 1650
Bien entent li messages que c'est chose passee
Et que c'est pour noient que rois Floires i bee;
Congié prent, si s'en va. Sa voie a si hastee
K'en Hongrie s'en vint sans gaires d'arrestee.
Le roi a sa nouvele bien dite et bien contee, 1655
Que des enfans Pepin n'iert sa terre gardee;
D'autre lignie estuet que ele soit pueplee.
Quant li rois l'entendi, forment li desagree
Et Blancheflor en est si forment adolee [b]
Et si tres a mesaise et si fort tormentee 1660
K'a pou qu'ele de duel n'est cheüe pasmee;
Nes la gent dou royame en fu molt destorbee.

LXVIII

Bien avés oÿ dire mainte fois et retraire
Que traÿson et murdre couvient k'en la fin paire.
Molt fist la male serve que fausse et deputaire, 1665
Qui a sa droite dame fist tant de paine traire,
Diex nel volt plus soufrir, car ne li devoit plaire,
Qui de tous mesfais est sire et prevos et maire.
Bon se feroit garder, qui porroit, de meffaire:
Diex consent mainte gent lor traÿson a faire, 1670
Mais puis leur fait il si desclorre leur aumaire
Que trestous leur malices leur retorne a contraire
Et puet on clerement connoistre leur afaire.

LXIX

Blancheflor la roÿne fu molt de haut parage
Et bien creans en Dieu et de tres bon corage. 1675
Une nuit se gisoit delés Floire le sage,
En la terre hongroise a un leur biau manage;
En dormant li sambloit que une ourse sauvage
Li menjoit le brach destre, le costé et la nage,
Et uns aigles venoit seoir sus son visage. 1680
Paour ot, si s'esveille, si mua son corage;
Forment fu esfreé, de riens ne s'assoage,
Si li doloit li cuers k'a pou qu'ele n'enrage.

LXX

Blancheflor s'esveilla, molt ot le cuer mari,
Son songe dist au roi, a bien li averti; 1685
"Sire," dist la roÿne, "pour Dieu qui ne menti,
Car me donnés un don, par amours le vous pri,
Que en France m'en voise a ceste Pasque ci
Veoir Bertain ma fille, la bele que j'aim si,
Ou li cuers de mon ventre se partira par mi." 1690
"Dame," ce dist li rois, "pour le cors saint Remi,
Conment porriens nous estre si lonc tans departi?"
"Sire," ce dist la dame, "pour amour Dieu, merci!

1660 This is the only case recorded in Old French where the adverb *tres* precedes a prepositional complement. See Paul Falk, "Comment *Trans* est devenu la marque du superlatif absolu en français" in *Studia neophilologica* XIII, 18.

E n'a il ja passé pres d'uit ans et demi
Que Berte notre fille ne nous vit, ne nous li? 1695
Mal li moustrons samblant que soions si ami."
Quant li rois l'entendi, un petit s'assoupli.
Tant li pria la dame que li rois s'assenti
A ce que ele i voist, mais que soit par un si:
Qu'ele amaint, s'ele puet, ou Rainfroi ou Heudri. 1700
"Sire, si ferai je, ma foi vous en plevi,
Ou Rainfroi ou Heudri amenrai avoec mi."
"Dame," ce dist li rois, "et je le vous otri." [c]

LXXI

Grant joie ot la roÿne quant li rois li otrie
Que ele s'en ira en France la garnie. 1705
"Dame," ce dist li rois, "savés que je vous prie?
Puis que l'aler en France ne volés laissier mie,
Je vueil k'o vous s'en voist noble chevalerie;
Cent chevaliers menés en vostre conpaignie,
Des plus vaillans qui soient en toute Honguerie. 1710
Ne vueil pas qu'i alés a petite maisnie,
Car gent françoise sont de grant beubancerie."
Quant la dame l'entent, molt fu joians et lie,
Conme sage et courtoise son seignor en mercie.
Son afaire apareille, mains qu'ele puet detrie; 1715
Tout ainsi com li rois l'ot dit a cele fie,
L'arrea Blancheflor conme bien ensaignie.
De la se departi a une aube esclairie;
Li rois la convoia bien jornee et demie.
Au partir l'a li rois molt doucement baisie, 1720
A Dieu la conmanda, le fill sainte Marie;
Ainçois que le revoie, sera molt esmarie
Et a meschief de cuer et forment corroucie.
Mainte terre trespassent, mainte forest antie
Et mainte grant riviere qui bien porte navie, 1725
Tant que en France vienent, la terre seignorie.
Quant la gent dou roiaume ont la novele oÿe
Que mere ert la roÿne, n'est nus ne la maudie;
Souvent prient que Diex li doinst tel maladie
K'ainçois qu'ele retourt soit morte et enfouie, 1730
Et li ame de li soit en enfer ravie,
"Quant porta tel roÿne qui ainsi nous maistrie
Et ainsi nous formaine par sa mauvaise vie,
Et cil qui l'engendra, s'ame soit maleÿe!"
A Blancheflor en fu la nouvele noncie 1735
K'ainsi estoit sa fille ou roiaume haÿe.
Quant ele ot la nouvele, molt en fu assouplie,
Et molt en fu de cuer dolente et abaubie.
"Diex," fait ele, "dont vient si faite dyablie?
Ja fu Berte ma fille en si bon lieu norrie, 1740
Et s'est nee et estraite de si bonne lignie,
Et de pere et de mere de viel anceserie.
Dont li est or venue ceste melancolie
Que ainsi tolt la gent le leur par tricherie?
Ja n'a il plus preudonme de ci jusqu'en Surie 1745
Com est Floires ses peres, ne plus sans vilonnie;
Je meïsmes n'ain pas outrage ne folie. [d]
Si en sui a mesaise que ne sai que j'en die;
Ainçois que je retorne, l'arai si chastoiie
Que tout li ferai rendre ce dont ele est saisie, 1750
De quoi la povre gent est povre et mal baillie;
De ces nouveles ci me tieng a mal païe."

LXXII

Or s'en va Blancheflor, qui ot le cuer certain.
Molt forment li anuie de sa fille Bertain.
De quoi la gent se plaingnent de toutes pars a plain.   1755
En mi sa voie encontre un paÿsant vilain;
Ou qu'il voit Blancheflor, si la prent par le frain:
"Dame, merci pour Dieu, de vo fille me plain;
N'avoie c'un cheval dont gaignoie mon pain,
Dont je me garissoie et ma fenme Margain,   1760
Et mes petis enfans, qui or morront de fain;
A Paris en portoie chaume et busche et estrain,
Soisante sous cousta, un an a en certain;
Or le m'a fait tolir, Diex li doinst mal demain!
A meschief l'ai norri cest yver de mon grain,   1765
Mais, par cel Saint Seignor qui d'Adan fist Evain,
Je la maudirai tant et au soir et au main
Que venjance en arai dou Pere Souverain."
Pitié en ot la dame, de duel ot le cuer vain,
Cent sous li fait donner tout errant en sa main;   1770
Cil l'en baise de joie l'estrier et le lorain:
"Dame, Diex le vous mire, c'or ai cuer lié et sain,
Mais ne maudirai Berte, par le cors saint Germain!"

LXXIII

Ce fu par un lundi, au chief de la semaine,
Que Blancheflor la bele cui Diex doinst bonne estraine   1775
S'en aloit vers Paris qui siet par desus Saine;
Riches dras ot vestus, qui furent taint en graine.
De sa fille ot nouvele k'au cuer li est grevaine,
Chascuns se plaint de li, molt grant duel en demaine:
"Ha! sire Diex, fait ele, "qui sesis a la çaine,   1780
Mere Dieu debonaire, roÿne souveraine,
Dont vient ce que ma fille, qui plus bele est k'Elaine,
Se fait ainsi haÿr gent voisine et lointaine?
Quant parti de ma terre, de tous biens estoit plaine,
N'avoit miex ensaignie dusqu'as pors d'Aquitaine;   1785
Or a bien fait compie[n]g de sa clere fontaine,
Car c'est la plus haÿe k'ainc vestist dras de laine;
Diex, par ta grant douçour, a droit port la ramaine!"

1763 My own study of the value of mediaeval coinage has been limited to the money of Louis VII (1137-1180) but standards in the following century could not have varied greatly. A *paresis denier* weighed 16 grains, with some variation. (A specimen in my possession is in excellent condition, with almost no clipping, and it has this weight). The intrinsic value of its silver is four cents; therefore, when computed by the standard of the present-day American silver dollar, this means that a *sou* had an intrinsic value of 50-60 cents; a *marc* (8 oz.) equalled about ten dollars in our modern money. There was, of course, variation. I believe that a U. S. silver dollar would have been exchanged on the Grand Pont for twenty-five *deniers*, with commission to be deducted. This is only the actual rate of exchange of the silver. Purchasing power was a variable, depending upon many things, including the category of goods. Roughly speaking, money (excluding categories of lodging, food and personal service) bought about four times as much as it does now. Note that the horse in the line above cost the peasant thirty dollars or so. A carpenter in the service of Saint-Germain des Prés (in 1180) was to receive a *cotte*: tunicam unam precii V solidorum, and so on.

LXXIV

Or s'en va la roÿne vers la cit de Paris.
Au roi Pepin en fu uns messages tramis 1790
Que Blancheflour estoit entree en son paÿs. [89a]
Quant li rois l'entendi, molt en fu esjoÿs;
Il meïsmes l'ala dire, ce m'est avis,
En sa chambre la serve, qui molt ot cler le vis.
Quant la serve l'entent, molt fu ses cuers maris, 1795
Semblant fait k'en fust lie, s'en geta un faus ris,
Et li rois Pepins s'est de la endroit partis.
Et la serve remaint, molt fu ses cuers pensis.
Sa mere a tost mandee, n'i fu lons termes mis,
Et Tibert son cousin, qui de Dieu soit maudis; 1800
En la chambre s'assieent tout troi seur les tapis.
"Mere," ce dist la serve, "par le cors saint Denis,
Blancheflor la roÿne est ja en Cambresis,
Ne sai que puissons faire, or va la chose au pis."
Quant Tibers l'entendi, forment fu abaubis. 1805
"Tibert," ce dist la vielle, "ne soiés esbahis,
Tel conseil sai donner qui est bons et soutis:
C'est que la fille face le malade tous dis,
Ne por riens qu'il aviengne ne soit ses lis guerpis;
Se tant poonmes faire k'au retour fussent pris 1810
Ces gens qui ci s'en vienent, par Dieu de paradis,
Jamais n'en ariens garde, par foi le vous plevis.
"Dame," ce dist Tibers, "vos cors soit beneÿs!
Au besoing estes vous apensee et gentis,
Sans vous ne sarions pas vaillant deus paresis." 1815
A cel conseil se tienent, ainsi fu establis,
Et lors fu molt trestost apareilliés li lis,
Et la serve s'i couche, ses cors soit li honnis!

LXXV

Or fu la male serve deseur son lit remise;
Molt faisoit le malade, plaine estoit de faintise; 1820
La vielle de paour tremble souz sa chemise,
Damediex la confonde et li cors saint Denise!
"Ha! Diex," ce dist la vielle, "vrais rois plains de franchise,
Quel dyable ont la voie Blancheflor ci aprise?
Maudis soit il par cui sa voie fu enprise, 1825
Quant ma fille en est si de cuer triste et desprise."
Por conforter sa fille est delés li assise,
Car ele a tel paour que toute s'en debrise.
"Fille," ce dist la vielle, "savés ou je m'avise?
A enherber m'aprist jadis une Juïse, 1830
Miex le sai ne set fenme qui soit dusques en Frise;
Blancheflor traïrai en poire ou en cerise,
Dou venin serai tost porveüe et porquise."
Quant la serve l'entent, cel conseil pas ne prise.

LXXVI

"Mere," ce dist la serve, "cis consaus n'est pas bons; [b] 1835
De ci me vueil lever, si nous apareillons,
Je lo en bonne foi que nous nous en alons,
Bien sai que par mes piés conneües serons,
N'ai pas de la moitié tes piés ne tes talons
Com ot Berte no dame, que nous traÿe avons, 1840
Ce fu par vo conseil, dont c'est grans mesprisons.
Je lo en bonne foi que nous en alons,
Argent et or en plates sor les sonmiers troussons;
Mes deus enfans ici a leur pere lairons,

Cil n'ont mort desservie, pas a ce ne pensons. 1845
Droit a la mienuit au chemin nous metons,
En Puille ou en Calabre ou en Sezile irons,
Et Tibert no cousin avoec nous en menrons,
Car bien a desservi que pas ne li faillons;
De prester a usure tres bien nous garirons, 1850
Autrement ne voi pas conment nous eschapons,
Car s'on set nos malices, bien sai c'arses serons.
"Par Dieu," ce dist la vielle, "pas ne nous en fuirons;
Laissiés moi couvenir, si bien esploiterons
Que nous le roi Pepin avoec enherberons 1855
Ains que de ceste chose a bon chief ne venons.
Les huis et les fenestres tres bien estouperons;
Gisés trestoute quoie, tres bien arreerons
Que de vous n'iert veüs iex ne nés ne mentons;
Par iceste maniere bien nous escuserons." 1860
"Mere," ce dist la serve, "vostre conseil ferons,
Damediex nous consaut et ses saintismes nons
Que nous de ceste chose bien eschaper puissons,
Car se nous la besoigne ainsi faire poons,
Sagement et a droit esploitié averons." 1865

LXXVII

A cel conseil se tienent, la vielle se dreça;
Si com devisé l'orent, tout ainsi l'arrea:
Les huis et les fenestres tout errant estoupa,
Tibert le traÿtour por l'uis garder laissa.
Devers le roy Pepin tout en plorant s'en va; 1870
Ou qu'ele voit le roi, d'une part l'acena.
Li rois Pepins vit bien que ele lermoia:
"K'avés vous?" dist li rois, "nel me celés vous ja."
"Sire," ce dist la vielle, "mauvaisement m'esta;
Ma dame la roÿne maintenant se coucha 1875
Si malade k'a paines jamais en levera;
Maintenant li est pris, je ne sai que ele a;
Je croi que Blancheflor mais a tans n'i venra."
Quant li rois l'entendi, forment l'en anuia. [c]
Grant duel faisoit la vielle, arriere retorna; 1880
A sa fille s'en vint, molt la reconforta,
Et li a dit conment au roi Pepin parla.
Par toute la cité la nouvele en ala
Que malade est la dame si que ele morra.
Quant la gent l'entendirent, chascuns grant joie en a, 1885
Molt maudient celui, de Dieu qui tout forma,
Qui a sa garison nul conseil metera.
"Diex maudie celui qui la nous amena
Ne a la gent françoise premerains l'acointa,
Et qui au roi Pepin premerains la donna, 1890
Et confonde la mere k'en ses flans la porta,
Et maudis soit li peres qui onques l'engendra,
K'ainc plus desloial fenme ne but ne ne menga."
De li vous lairai ci, mais g'i revenrai ja.
Es vous un messagier qui le roi salua 1895
Et qui de Blancheflor nouveles anonça,
Dist li que a Montmartre la messe escoutera.
Quant li rois l'entendi, trestout errant monta,
Et Rainfrois et Heudris chascuns o lui ala;
Mainte haute personne les enfans adestra; 1900

1897 In the *abbaye aux dames* on the summit of the hill, which often received distinguished travellers before they entered the gates of Paris. The abbey church of Saint Pierre is still standing. See v. 2329 below.

Arcevesque et evesque, chascuns s'apareilla,
Et duc et conte et prince, nus n'en i demora ;
Contre Blancheflor vont, qui molt grant duel ara
Quant de Bertain sa fille les nouveles sara.

LXXVIII

Li rois Pepins de France ot le cuer irascu, 1905
Pour le mal la roÿne cuide avoir tout perdu.
De ci que a Montmartre ne se sont arrestu.
La roÿne ont trouvee, si li font gent salu,
Et Blancheflor lor a lor salu biau rendu,
Doucement a le roi en ses bras receü, 1910
Puis li a demandé plus n'en a atendu :
"Que fait Berte ma fille, pour le vrai roi Jhesu ?"
"Dame, jel vous dirai ; puis que ele ot seü
Que la veniez veoir, si tres joians en fu
De joie ot si le cuer ouvert et esmeü 1915
K'ainc puis ne fu levee, ains a tous jors geü,
Mais n'ara se bien non quant vous ara veü."
Quant Blancheflor l'entent, le cuer ot esperdu,
Cuida que fust sa fille dont a nouvele eü.

LXXIX

Dolante fu la dame, molt fu taisans et mue, 1920
Car ele n'ot nouvele qui en mal ne se mue.
Li rois Pepins la prent par sa blanche main nue :
"Dame," ce dist li rois, "ne soiés esperdue, [d]
Mais faites bon samblant que bien soiés venue,
Car vo fille iert garie quant vous ara veüe 1925
Et l'arés doucement entre vos bras tenue."
Es vous les filz le roy chevauchant par la rue,
A pié sont descendu sous une ente fueillue ;
Chascuns d'aus la roÿne courtoisement salue.
"Dame," ce dist li rois, "honnors vous est creüe, 1930
Cil doi sont mi enfant de vo fille, ma drue."
Quant Blancheflor les voit, tous li sans li remue,
Li cuers ne l'i trait point que joie en ait eüe ;
Maigrement les salue, tous li cors li tressue.

LXXX

Blancheflor la roÿne, ou molt ot de bonté, 1935
Regarda les enfans qui sont de joene aé ;
Ele n'en a nesun baisié ne acolé,
Car li cuers ne l'i trait, ce sachiés par verté,
Et les gens qui la furent l'en sorent mauvais gré,
Et en a li uns l'autre tout coiement bouté 1940
Et en ont molt entr'aus conseillié et parlé
Et dient qu'il li vient de tres grant mauvaisté,
"Bien est drois que sa fille n'ait gaires d'amisté,
N'a fenme en tout le monde ou tant ait fausseté ;
Maudis soit qui premiers l'amena el regné ; 1945
Ele gist molt malade ; que cent mile maufé
Doinsent qu'ele ait ennuit le haterel froé !"
Dou moustier sont issu, n'i ont plus demoré ;
Li rois et si baron sont vestu de moré,
Maint duc, maint conte i ot, maint vesque, maint abé. 1950
La roÿne ont montee sa gent, lors sont monté ;
Li rois Pepins l'adestre, d'iluec s'en sont torné.
Molt souvent fu maudite, ja ne vous iert celé,
Pour l'amour de la serve, cui Diex doinst mal dahé.
Blancheflor ot le cuer molt triste et molt iré ; 1955
Bien set que se sa fille fust en bonne santé,

Qu'ele l'eüst veüe ou aucun mant mandé.
Vers Paris s'en avalent, l'amirable cité;
La contree regarde et de lonc et de lé;
Molt li plot li paÿs quant l'ot bien avisé. 1960

LXXXI
La dame ert a Montmartre, s'esgarda la valee,
Vit la cit de Paris, qui est et longue et lee,
Mainte tour, mainte sale et mainte cheminee.
Vit de Montleheri la grant tour quernelee;
La riviere de Saine vit, qui molt estoit lee, 1965
Et d'une part et d'autre mainte vingne plantee.
Vit Pontoise et Poissi et Meulens-en-l'estree, [90a]
Marli, Montmorenci et Conflans-en-la-pree,
Dantmartin en Goiele, qui molt ert bien fermee,
Et mainte autre grant vile que je n'ai pas nonmee. 1970
Molt li plot li paÿs et toute la contree:
"Ha! Diex," fait ele, "sire, qui fist ciel et rousee,
Com est Berte ma fille richement mariee
Et en tres noble lieu venue et arrivee!"
Li rois Pepins l'adestre, forment l'a honnoree, 1975
Et souvent dou roi Floire nouvele demandee.
"Sire," dist la roÿne, qui fu sage et senee,
"Il est sains et haitiés a bonne destinee;
S'il savoit que sa fille eüsse ainsi trouvee,
Que de sa santé fust en tel point destempree, 1980
Molt tost seroit sa joie a grant duel retornee,
Car il aime sa fille plus que riens qui soit nee."
"Dame," ce dist Pepins, "a ce n'aiés pensee,
Car se Diex plaist, ele iert assés tost respassee;
Quant vous verra, tost iert sa maladie [alee], 1985
Car sa joie li iert a cent doubles doublee."
En la vile s'en entre qui molt fu bien paree;
As fenestres avoit mainte dame acesmee,
Trestoute la grant rue estoit encourtinee.
De mainte gent i fu Blancheflour esgardee, 1990
Por amour de la serve reçut cele jornee
Maint dolereus maudit, basset a recelee.
Au perron descendi de la sale pavee;
Li rois et li baron l'ont ou palais menee.
A tant es vous Margiste, forment fu esploree; 1995
A ses ongles s'estoit un pou esgratinee;
Devant Blancheflor vient aussi conme dervee,
A ses piés se laissa cheoir conme pasmee.
Blancheflor la connut, si l'en a relevee.
Tout en plorant la baise, forment l'a acolee. 2000

1961-70 Blancheflor gazes first to the south toward the city of Paris. As she raises her eyes she sees the battlements of Montlhéry 28 kilometers beyond Paris; this is as far as she can see in that direction. Her eyes fall again on the River Seine; she turns her head to the right, following the river, and observes on the Oise, north of where that river joins the Seine, the little town of Pontoise; then she looks back at Poissy on the Seine just below the junction with the Oise, and Meulan on beyond—the farthest she can see to the west. Her gaze rests for a second on Marly-le-roi in the Bois de Saint Germain, and on Conflans, as she swings around to the north to gaze at Montmorency which is backed by the Bois de Montmorency. She continues her swing around to the right and sees Dammartin-en-Goële, far to the east, not far from Meaux. The vista first seen by the Queen, as she gazed toward Montlhéry, can be seen at the head of the Jacques Gomboust map of Paris, which was drawn in 1652. This view from Montmartre is reproduced there. For *cit de Paris* see note to v. 796 above.

"Margiste, ou est ma fille, fai que me soit moustree."
"Dame," ce dist Margiste, "de male heure fui nee
Quant vous avez vo fille en si fait point trouvee;
Despuis qu'ele ot de vous la nouvele escoutee,
Ne fu ainc puis haitie, ne soir ne matinee; 2005
De la joie k'en ot fu si desnaturee,
Pour ce que longuement vous avoit desiree,
Que onques puis ne fu de son lit remuee;
Laissiés la reposer dusques a la vespree."
Quant Blancheflor l'entent, molt fu espoentee. 2010
De la sale est issue, en la chambre est entree, [b]
Molt li doloit li cuers, forment fu trespensee.
Et la vielle s'en est tout errant retornee
A la serve, en sa chambre qui bien fu estoupee
De dras d'or et de soie tres bien encourtinee. 2015

LXXXII

Blancheflor la roÿne ot molt le cuer dolent,
Et li rois la conforte molt debonairement.
"Sire," dist Blancheflor, "par le cors saint Vincent,
Quant parti dou roi Floire, je li oi en couvent
Que tant feroie a vous, par vostre assentement, 2020
Que d'un de vos enfans li feroie present,
Si arons de no fille aucun restorement,
Et nous en ferons roi, sachiés le vraiement."
"Dame," ce dist Pepins, "faites le liement,
Et je ferai trestout vostre conmandement." 2025
"Sire," dist la roÿne, "grans mercis vous en rent."
Les tables furent mises sans lonc delaiement,
Au mengier sont assis chevalier quatre cent;
Molt honneure li rois Blancheflor et sa gent.
Quant vint aprés mengier, Blancheflor plus n'atent, 2030
La ou cuide sa fille s'en va isnelement.
La vielle vient encontre, entre ses bras la prent;
"Dame," ce dist la vielle, "por le cors saint Climent,
J'ai dit a la roÿne que ne venrés noient
Devant que il sera pres de l'avesprement; 2035
Un pou s'est endormie, pour Dieu ralés vous ent."
"Volentiers," dist la dame, qui nul mal n'i entent,
"Ci endroit remainrai, par Dieu omnipotent,
De ci ne partirai, sachiez le vraiement,
S'arai veü ma fille Bertain o le cors gent 2040
Et baisié sa bouche, se Dieu plaist, doucement."
Quant la vielle l'entent, ne li vint a talent;
Tel paour a k'a pou que li cuers ne li fent.
Damediex la confonde, qui fist le firmament!

LXXXIII

En un tres biau prael souz une fueillie ente, 2045
Droit par devant la chambre l'orde serve pullente,
La se siet Blancheflor, qui forment se demente;
Por sa fille fu molt a mesaise et dolente.
Diex! que ne set la dame le mal et la tormente
Que sa fille a soufert, Berte la bele gente, 2050
Par la mauvaise vielle, cui li cors Dieu cravente,
Et par Tibert aussi, qui met molt grant entente
A conforter la serve, qui forment s'espoente.
Damediex lor envoit tous trois si male entente
Que de leur faus marchié viengnent a droite vente; [c] 2055

LXXXIV

Blancheflor fu assise souz l'ente en un prael,
La fausse vielle apele (feus arge son musel!).
Et ele i est venue molt tost et molt isnel.
"Dites moi," fait la dame, "por le cors saint Marcel,
Qui a fait a ma fille brasser si fait chaudel? 2060
Tout se plaignent de li et vieil et jouvencel.
Or sachiés vraiement que ce ne m'est pas bel,
Car en dame haÿe a molt vilain jouël."
"Dame, il ont tort, par Dieu qui forma Daniel;
Qui ce vous a conté, maudite soit sa pel, 2065
Car onques mieudre dame n'ot en son doit anel;
Tout ce que ele fait, ce n'est fors par revel."

LXXXV

Blancheflor la roÿne n'a talent que revele;
D'autre chose la vielle a parler en rapele:
"Ou est ore ta fille, Alistete la bele?" 2070
"Dame, jel vous dirai; sachiés de voir que ele
Morut soubitement seant sus une sele,
Ne sai quels maus la prist souz sa destre maissele,
Je croi bien k'en la fin eüst esté mesele;
Sachiez, si m'en deut molt li cuers sous la mamele, 2075
Car molt estoit aperte et plaisans et isnele;
Je la fis enterrer vers une viés chapele
Coiement, que les gens n'en oÿssent nouvele."
Ainsi li fait la vielle entendant la favele,
Mais pas n'ira ainsi longuement la querele. 2080

LXXXVI

Deus jors fu Blancheflour en tel point, sans mentir,
K'ains ne pot a la serve ne aler ne venir,
Car Tibers et la vielle, cui Diex puist maleÿr,
Queroient tous dis tours por aus miex escremir.
Droit devant le souper, si com dut avesprir, 2085
Prist talent Blancheflor, ne s'en volt plus soufrir,
Qu'ele verroit sa fille, ne s'en pot astenir.
Maleoit gré Tibert li a fait l'uis ouvrir
Une joene pucele que Diex puist beneÿr,
Qui gentill fenme estoit (li rois l'ot fait norrir), 2090
Et prist une chandele, c'on n'i pooit veïr;
Mais la vielle l'ala d'un baston si ferir
Que ele en fist le sanc a la terre gesir.
"Alés ent, orde garce, madame veut dormir,
Ele ne puet por riens nule clarté choisir." 2095
Quant ce voit la pucele, si conmence a fremir,
Kanque ele onques puet s'en conmence a fuir,
Bien voit que la vielle est plaine de mal espir.
Duel en ot Blancheflor, mais tant ot grant desir [d]
De venir a sa fille que tout lait couvenir. 2100
Au lit la serve vient, sel conmence a sentir.
"Mere," ce dist la serve, "bien puissiez vous venir,"
Si feblement k'a paines le pot la dame oÿr,
"Dame, que fait mes peres, que Diex puist beneÿr?"
"Fille, il le faisoit bien quant de lui duch partir." 2105

2060 "brew such a punch," or more freely "get into such a fix." Dejardin has recorded from Mons (Hainaut) during the past century this proverb; Quand t'aras fait l'caudieau. faudra l'boire. Joseph Dejardin, *Dictionnaire des spots ou proverbes wallons* [no place, no date], I, 147.

2073-74 Is this a reference to cancer?

"Dame, loés en soit Jhesus par son plaisir!
De vous a festiier n'ai ore pas loisir,
Dont il me poise si que j'en cuide morir,
Por ce que ne vous puis a mon gré conjoyr."

LXXXVII

    Grant paour ot la serve, plus que ne vous puis dire,   2110
Trestous li cors li tramble, n'a pas talent de rire,
En sus de Blancheflor se trait tous jors et vire.
"Fille," dist Blancheflor, "tous li cuers me descire
De ce que ne vous voi, car forment le desire."
"Mere," ce dist la serve, "je suefre tel martire   2115
Que j'en sui aussi jaune devenue com cire;
Fisicien me dient que la clartés m'enpire,
Et li parlers aussi, nule riens ne m'est pire;
Ne vous ose veoir, s'en ai au cuer grant ire;
Aprés le roi mon pere li cuers si fort me tire   2120
Que je ne sai que faire, pres sui de desconfire;
Laissiés me reposer; que Jhesus le vous mire!"

LXXXVIII

    Quant Blancheflor la serve ainsi parler oÿ,
Bien voit qu'ele desire le departir de li;
Dou duel que ele en ot dusk'au cuer s'en senti: 2125
"Aÿde Diex," fait ele, "qui onques ne menti
Ce n'est mie ma fille que j'ai trouvee ci;
Se fust demie morte, par le cors saint Remi,
M'eüst ele baisie assés et conjoÿ."
Par maltalent se lieve, qu'ele plus n'atendi,   2130
Le grant huis de la chambre Blancheflor entrouvri,
Sa maisnie apela, qui l'atendent enki:
"Venés avant," fait ele, "por Dieu, je vous en pri,
N'ai pas trouvé ma fille, on m'a dou tout menti;
Ja sarai se c'est voirs, se Diex l'a consenti."   2135
Tibers, qui gardoit l'uis, de paour en rougi.
Blancheflor la roÿne n'i mist pas lonc detri,
En la chambre retorne et sa maisnie aussi;
Par terre ont abatu maint drap d'or, maint tapi.
"Dame," ce dist la vielle, "pour amour Dieu, merci!   2140
Volés tuer vo fille? trois jours a ne dormi."
"Tais te, vielle," fait ele, "n'en ferai riens pour ti."
Les fenestres ouvrirent, ne sont pas alenti.   [91a]
Quant Tibers et les serves voient qu'il va ainsi,
Or ne demandés mie s'il furent abaubi.   2145
Blancheflor vint au lit ou la serve choisi,
Toute la couverture a ses deus mains saisi,
Si la sacha que toute la serve descouvri;
Blancheflor voit les piés, tous li cuers li failli.
La serve prent un drap, jus dou lit se saillie;   2150
Blancheflor par les treces a terre l'abati,
Qui estoient molt blondes, par verté le vous di.
Chascuns entre en la chambre quant li oent le cri,
Des mains li ont ostee et ele s'en fui,
Dedens une autre chambre l'ont sa gent recueilli.   2155
Et Blancheflor s'escrie: "Haro, traÿ, traÿ!
Se n'est mie ma fille, lasse, dolente, ainmi!
C'est la fille Margiste, k'avoeques moi norri;
Murdri m'ont mon enfant, Bertain qui m'amoit si."
Uns mes s'en vint au roi, qui tout li a gehi,   2160
Et Pepins i akeurt quant la nouvele oÿ,
Et maint autre baron, qui de pres l'ont sivi.
Quant ces nouveles oent, tout furent esbahi.

LXXXIX

Blancheflor la roÿne fu forment esmarie;
Ou qu'ele voit Pepin, en plorant li escrie: 2165
"Frans roys, ou est ma fille, la blonde, l'eschevie,
La douce, la courtoise, la tres bien ensaignie,
Berte la debonaire, qui soef fu norrie?
Se tost n'en oi nouveles, ja serai enragie.
Rois, ce n'est pas ma fille qui ci s'estoit couchie: 2170
C'est la fille Margiste, cui li cors Dieu maudie.
Faites aler aprés, ja s'en sera fuie,
Et gardés que sa mere ne vous eschape mie."
A ce mot chiet pasmee en la chambre voutie,
Et li rois l'en redrece, qui de pitié lermie; 2175
A ce qu'il a oÿ connoist la tricherie,
Bien se perçoit comment Berte li fu changie
Et voit tout clerement qu'ele a esté traÿe.
Toute pasmee en portent Blancheflor sa maisnie,
Et Pepins a tel duel k'a pou qu'il ne marvie. 2180
"Ahi! Berte," fait il, "bele suer, douce amie,
Com je vous ai porté mauvaise conpaignie,
Mais cil le comparront, par Dieu le fill Marie,
Qui par leur fausseté vous ont ainsi honnie;
Je sai bien vraiement, Tibers vous a murdrie, 2185
Il vous a estranglee ou la teste trenchie,
Entre lui et Margiste, cui Diex doinst male vie; [b]
Par aus avez esté souduite et engingnie,
Mais ains qu'il soit demain li heure de complie,
Porront il bien savoir se il ont fait folie." 2190

XC

Maltalent ot li rois si que tous en rougist,
Tant fu dolans de cuer k'a pou qu'il ne marist.
Pitié ot de Bertain; sachiés, s'il le seüist
Nule part en ce mont, que il la requesist.
Quatre de ses sergans il meïsmes choisist, 2195
La vielle leur fait prendre, chascuns la main i mist,
Ou par bras ou par robe chascuns d'aus la saisist;
Tous li plus corrouciez de la joie en souzrist.
"Vielle," ce dist li rois, "a honnir t'entreprist
Qui ceste traÿson t'ensaigna et aprist, 2200
Sachés que envers toi molt malement mesprist,
Car tu en seras arse, par le cors Jhesu Crist."
Quant l'entendi la vielle, de la paour fremist.
Aprés ceste parole li rois de la chambre ist,
En la sale est venus, sor un siege s'assist, 2205
Ses barons fait mander que chascuns i venist.
Quant il furent venu, li rois Pepins lor dist
Que ce seroit bien fait que on la vielle arsist.
"Sire," dient si home, "bon fust que gehesist
Que Berte est devenue ne quel chose ele en fist, 2210
Se ele la noia ou s'ele la murdrist."
Et li rois lor respont bon fust c'on le fesist.
La vielle fu mandee, nus ne le contredist;
Quant li rois l'a veüe, il meïsmes maudist
Qui premiers pour Bertain a norrice l'eslist. 2215

2205 His sitting in a chair is significant. He is holding court *ex cathedra*.

XCI

Quant la vielle fu prise, molt fu dolente et triste.
Cel jor fist molt lait tans de tonnoirre et d'escliste.
Li rois fu en sa sale d'or painturee a liste;
La vielle demanda qui ot a non Margiste,
Et sa fille ot non Berte en France, mais Aliste 2220
Fu nonmee en baptesme et fu nee a Valgiste.
"Ha! vielle," dist li rois, "di, porquoi traiesiste
Bertain ta douce dame ne pourquoi le fesiste?
Tu ses bien que ta fille lés moi gesir mesiste;
Ce fu grans faussetés; porquoi ne le gehiste? 2225
Se tes cors est perdus, l'ame que ne gariste?
Bien croi la traÿson, de ton cuer l'empresiste;
Tu es de la semblance a la gent Antecriste."

XCII

Quant li rois ot fait prendre et Margiste et Tibert
Et la fausse roÿne, tantost fu descouvert 2230
Leur male traÿson devant tous en apert. [c]
"Ha! Diex," ce dist chascuns, "porquoi avés soufert
Si longuement tel murdre si lait et si despert?
Conment le pueent il ainsi avoir couvert?
Bons rois, faites qu'il soient tout a leur droit offert; 2235
Se pitié en avés, mau dahait qui vous sert!"
"Voire a foi," dist li rois, qui ot le cuer apert,
"Se Tibers de son dos la Grant Rue ne tert."

XCIII

Tibers et les deus serves voient la chose aperte
Et que leur faussetés est toute descouverte, 2240
Bien voient qu'il aront de leur fais la desserte.
"Vielle," ce dist chascuns, "com vous fustes desperte,
Qui de vo fille aviés fait la roÿne Berte;
A cestui tour vous estes mauvaisement couverte;
No dame avés murdrie, fait avons grande perte, 2245
Mais vous en serés tost a vo merite offerte.
Conment a Diex tel gent si longuement souferte?
Blancheflor, qui est molt de tous biens aouverte,
Les geta de servage et de toute poverte;
Molt mal li ont meri, ceste chose est bien certe." 2250

XCIV

Li rois voit les deus serves et Tibert ensement,
Sachiés que molt les het de cuer entierement.
Il fait prendre la vielle trestout premierement,
En un tro de tarere li boutent erranment
Ses deus pols, puis les coignent molt angoisseusement; 2255
Por li faire gehir la destraignent forment.
"Ha, roi Pepins," fait ele, "por Dieu omnipotent,
Delivrés moi mes mains, je dirai tout briement."
Lors ostent la cheville, n'i font delaiement,
Et la vielle a gehi oiant toute la gent. 2260
La traÿson connoist tout ainsi faitement
Com ele l'arrea des le conmencement,
Et a reconneü conme ele avoit talent
D'enherber Blancheflour et Pepin ensement,
Et avoit pourveü tout l'enpoisonnement. 2265
A ardoir fu jugié, et par droit jugement.

2238 He will be dragged by the feet down the Rue Saint Denis, main thoroughfare on the right bank of Paris.

Aprés parla Tibers tost et isnelement:
"Sire rois," dist Tibers, "par le cors saint Vincent,
Je n'ocis pas Bertain, sachiés le vraiement,
Mais je l'eüsse morte, n'en mentirai noient, 2270
Ne fust Morans de cui j'en oi desfendement."
Lors leur conta la chose tout descouvertement,
Tout ainsi com Morans mist Berte a sauvement.
"El bois avoec les bestes, dont i avoit granment,
Ours, senglers et lions, ainsi com je l'entent, [d] 2275
La la laissames nous ens el bois seulement;
Je croi qu'ele soit morte, par le mien escient."
Et aprés leur conta tout ainsi faitement
Com a Margiste firent dou cuer d'un porc present,
Et a la fausse serve, cui li cors Dieu cravent. 2280
De la corde leur conte comment estroitement
En fu Berte loiie et anuieusement,
Qu'ele ne peüst dire son mesaaisement,
Et conme la feroit et menu et souvent;
Trestout a conneü, dont ot apensement. 2285
De pitié en plorerent plus de mil et set cent.
Lors vint avant la serve, cui Diex doinst marement.
"Sire," fait ele au roi, "vous veez bien conment
La chose ne vient pas de mon arreement;
De ma mauvaise mere vint il premierement 2290
Et par li sonmes nous venu a ce torment;
Damediex la confonde qui maint ou firmament!"

XCV

Molt fu toute la gent qui la estoit dolente
Pour amor de leur dame, Berte la bele gente.
Un grant feu font d'espines, n'i firent longue atente; 2295
L'uns atise le feu et li autres le vente,
La vielle ara ja tost de son marchié la vente,
Ele a bien desservi a recevoir tel rente:
Qui traÿson porchace, drois est qu'il s'en repente;
De traÿson a faire n'ert pas la vielle lente. 2300
Cel jor y a ploré mainte bele jouvente
Pour l'amour de Bertain, ne quier que vous en mente.
Dedens le feu geterent l'orde vielle pullente,
Ainsi fu la vielle arse et livree a tormente.
Quant sa fille le voit, forment s'en espoente, 2305
De la paour qu'ele ot sus la terre s'adente.

XCVI

Quant la vielle fu arse, Tibert font ateler,
Tout par mi la Grant Rue le firent traÿner,
A Montfaucon le firent sus au vent encroer.
D'une part furent trait li demaine et li per. 2310
"Sire," font il au roi, "nous vous volons moustrer
Que grant chose est de roi, ce ne puet nus veer:
Se vous volés la serve par no conseil mener,
Dont ne li faites mie dou cors la vie oster,
Mais laissiez la tant vivre qu'ele porra durer; 2315
Puis k'enfans en avés, ne doit pas demorer
Que les enfans et li ne doiés gouverner,
Mais nous disons par droit, nel vous volons celer,
Que mais aprés ce jour ne doit a vous parler [92a]
Ne nule conpaignie en ce siecle porter." 2320
Quant li rois l'entendi, si prist a souzpirer.
"Seignor," ce dist li rois, "par le cors saint Omer,
Ele eüst desservi destruire et lapider,
Mais contre jugement ne vueil je mie aler."

Quant la serve sot ce, Dieu en prist a loer, 2325
Devant le roi se fist trestout errant mener;
Ou qu'ele voit le roy, si li ala rouver:
"Sire, car me vueilliés por Dieu un don donner:
K'a Montmartre me faites, s'il vous plaist, osteler;
La volrai estre nonne, bien sai lire et chanter; 2330
Por l'amour des enfans que m'avés fait porter,
Me devés, biau dous sires, un petit deporter;
Donnés me un pou d'avoir que j'ai fait assambler.
Quant mi fill ieront grant, ferai les marier
Et, s'il vous plaist, biau sire, ferez les adouber, 2335
Car il sont vostre enfant, de ce n'estuet douter."
Et li rois li otrie, nel daigna refuser.
Ainsi ala la chose que m'oés deviser.
Son avoir a Montmartre fist la serve guier,
Sor chars et sor charettes et sor sonmiers trousser; 2340
Huit jours mirent tous plains a l'avoir aüner,
Tant i avoit tresor, entre argent et or cler,
Sans les autres richoises que ne sai raconter,
K'a paines le puet on ne dire ne esmer.

XCVII

Molt fu li rois Pepins de tres franche matere, 2345
N'avoit plus gentill cuer ne rois ne emperere;
La perte de Bertain li fu sure et amere.
Blancheflor reconforte, qui a grant meschief ere,
Qui por Berte estoit molt de cuer dolente mere.
"Ahi! fille," fait ele, "que dira vostre pere, 2350
Qui ça vous envoia bele et plaisans et clere!
Vers povres gens n'estiez n'escharse ne avere.
Or a Floires perdu et vo suer et vo frere;
Or en soit Diex des ames, se il li plaist, gardere,
Cil qui de toute rien est sire et gouvernere. 2355
Vers mon seignor irai demain ains que jors pere."

XCVIII

Droit delés Blancheflor la roÿne au cler vis
Seoit le rois Pepins molt dolens et pensis.
Molt forment sont dolent la gent de ce païs
Que la serve n'est arse ou ses cors enfouis. 2360
Ne volt plus Blancheflour demorer ou païs,
Lor afaire arreerent, n'i ont lonc terme mis.
Li rois Pepins, qui fu courtois et bien apris, [b]
En fist tout son devoir, n'en doit estre repris.
L'endemain par matin, quant jours fu esclarcis, 2365
Blancheflour la roÿne ont en litiere mis
Entre deus palefrois qui furent de grant pris,
Car ne pot chevauchier, tant fu ses cuers maris.
Chascuns maudit la serve, et crient a haus cris
Que Jhesus la confonde, li rois de paradis, 2370
Quant par li est Pepins li gentis rois traïs
Et trestous li roiaumes essiliés et honnis;
De Dieu soit li siens cors essiliés et maudis
Et si enfant aussi, et Rainfrois et Heudris!
Blancheflor la roÿne s'en va par Saint Denis, 2375
Li rois la convoia de la dusqu'a Senlis,
L'endemain s'en parti dolens et abaubis.

XCIX

Or s'en va Blancheflor molt dolente et desprise.
"Ha! mere Dieu," fait ele, "com sui ore malmise!
Berte, ma bele fille, plaine de gentelise, 2380

Com par estiiés douce et plaine de franchise!
De moi iert a vo pere povre nouvele aprise,
Qui vous amoit de cuer sans nul point de faintise,
Je croi bien que detraite en iert sa barbe grise;
Quant sara conment fu la traÿson emprise, 2385
N'ara plus dolent home d'outremer dusqu'en Frise.
Helas! porquoi ne crieve mes cuers souz ma chemise,
Je n'arai jamais joie, par le cors saint Denise,
Se je tous jors duroie dusk'au jour dou juïse;
Miex aim morir que vivre, si sui de duel aquise." 2390

C

Or s'en vont li Hongrois, n'i ont plus atendu,
Mainte terre trespassent et maint grant bois ramu;
Grant duel fait Blancheflor de cuer tres irascu.
Tant ont par lor jornees alé et porseü
Que a la Saint Jehan, un haut jour absolu,- 2395
Sont tout droit en Hongrie, lor paÿs, revenu.
Le roy Floire trouverent, qui a grant meschief fu
Quant il ot la nouvele de sa fille entendu.
Il et Blancheflor sont en plorant receü;
Il ne porent mot dire, tant par sont esperdu; 2400
En acolant l'uns l'autre sont a terre cheü,
Lor gent les en relievent qui la sont acoru.
"Ha! Diex," dist li rois Floires, "que nous est avenu,
Quant Bertain nostre enfant avons ainsi perdu!"
Grant duel font pour Bertain li joene et li chenu. 2405
"Biaus Diex," fait li rois Floires, "vrais peres rois Jhesu,
Puisqu'il vous plaist, biaus pere, qu'il me soit mescheü, [c]
Loés en soiés vous, par vo douce vertu,
Car, quant il vous plaira, bien me sera rendu."

CI

Quant en son paÿs fu Blancheflour revenue 2410
Et la gent dou royaume ont la nouvele oüe
Conment Berte as grans piés a esté deceüe,
Maint cheveil i ot trait, mainte paume batue.
Rois Floires fait tel duel k'a pou qu'il ne se tue,
Et Blancheflour aussi, que trestoute tressue. 2415
Les gens pleurent forment parmi chascune rue.
"Diex!" font il, "com a ci laide desconvenue
Quant la bele Bertain avons ainsi perdue;
En ceste terre avoit, ains qu'ele en fust issue,
La povre gent souvent chaucie et revestue 2420
Et de ses biens aussi maintes fois repeüe;
Diex maudie la serve, qui fait corre la nue,
Et Tibert et Margiste, car bien ont abatue
La joie en ce paÿs qui i estoit creüe.
Or soit de Dieu li ame de Bertain assolue, 2425
C'onques mieudre de li ne fu par iex veüe."

CII

Molt par furent la gent en Hongrie adolé
Por l'amour de Bertain, ou tant ot de bonté;
Tant ot tous jours eü de debonaireté
Qu'ele ot non Debonaire tous jor en son regné. 2430
Ne vous porroie dire, se l'avoie juré,
Conment cil de Hongrie l'ont plaint et regreté,
Ne la tres grant dolor qu'il en ont demené.
Blancheflor a le roi trestout dit et conté
Conment la traÿson ot Margiste arreé; 2435
En plorant li a tout et dit et devisé

L'afaire de Bertain, n'en a riens oublié,
Et conment fu changiez dedens le lit paré,
Et conment l'en mena Tibers par fausseté,
Et conment l'atornerent qu'ele n'eüst parlé, 2440
Com Tibers li eüst ou bois le chief copé,
Ne fust Morans, cui Diex envoit joie et santé!
Il et si conpaignon par debonaireté
En laissierent Bertain fuir el bois ramé;
La ont son cors les bestes mengié et estranglé. 2445
En plorant l'a li rois mot a mot escouté,
De parfont cuer souzpire de duel et de pité.
Ci lairons dou roi Floire, qui le cuer ot iré,
De Blancheflor sa fenme, qui ot cuer apensé;
Por leur fille Bertain ont souvent souzpiré; 2450
Dou roi Pepin dirons, le preu et le sené. [d]
Quant il et Blancheflor se furent dessevré
Et en plorant se furent a Jhesu conmandé,
A Paris s'en revint, l'amirable cité.
Lors a tantost Morant par devant lui mandé 2455
Et ses deus conpaignons; ainsi l'ot conmandé.
Et il i sont venu volentiers et de gré;
Por leur dame Bertain ont de pitié ploré.

CIII

"Morans," ce dist li rois, "or oiés ma pensee.
Avoec ma fenme alastes quant ele en fu menee; 2460
Bien sai, se ne fussiés, la teste eüst coupee;
Je croi bien que les bestes l'ont morte et devoree,
Car s'ele ne fust morte, de ça fust retornee.
Je vueil que vers le Mans soit vo voie aprestee
Et demandés tres bien par toute la contree, 2465
Por savoir se de li seroit riens retrouvee,
Ne se nus l'aroit puis veüe n'encontree
Que l'eüstes laissie en la forest ramee;
S'aucune chose en ai, par la Virge honnoree,
De li ou de la robe que ele en ot portee, 2470
Sachiés, je l'ameroie assés plus que riens nee,
Et si la baiseroie et soir et matinee.
Pour Dieu, or en pensés, qui fist ciel et rousee,
Et la paine vous iert tres bien guerredonnee."
"Sire, nous le ferons, puisque il vous agree." 2475
L'endemain se partirent de la a l'ajornee.
Tant vont et tant cheminent, sans longue demoree,
Que tout droit au lieu vienent, lés une grant valee,
Ou la derraine fois fu Berte d'aus sevree;
Lors ont seur cele place mainte lerme ploree. 2480
De la se departirent, n'i font longue arrestee;
Par trestout le paÿs ont Bertain demandee.
Par toute la contree en va la renonmee
C'on requiert la roÿne de France la loee
Et k'ens ou bois dou Mans fu laissie esgaree. 2485
Quinze jours l'ont requise, mais nen ont pas trouvee,
Onques de li n'aprirent maillie ne denree.
A Symon le voier est la nouvele alee,
Et Symons l'a sa fenme Constance recontee.
Quant Constance l'entent, toute en fu trespensee. 2490

CIV

"Simon," ce dist Constance, "par la foi que vous doi,
Trestout droit en cel point dont ce parler vous oi,
Trouvastes vous Bertain, ainsi com je le croi;
Alons a li parler, sire, entre vous et moi."
"Constance," dist Symons, "par mon chief, je l'otroi." [93a] 2495
Bertain ont apelee d'une part en recoi;
D'une part sont alé, il ne furent que troi.
Lors li conte Symons, qui molt fu plains de foi,
Le meschief et l'anui, le mal et le desroi,
Que il est avenu a Pepin le bon roi. 2500
"Berte, aussi vraiement que devant moi vous voi,
Avint ce en cel point que trouvee vous oi;
Se c'estes vous, sel dites, ce vous requier et proi."
Quant Berte l'entendi, molt fu en grant esfroi;
"Sire," ce a dit Berte, "bien vous entent et oi, 2505
Mais ce ne sui je mie, sachiés, je le vous noi."

CV

Quant Berte entent Simon, molt forment s'en effroie,
Des nouveles qu'ele ot tous li cuers l'en souploie.
"Diex," fait ele en son cuer, "tenés m'en droite voie,
Sire, que de mon veu deceüe ne soie. 2510
Simon," fait ele, "sire, pourquoi vous celeroie,
Se j'estoie roÿne? grant folie feroie;
Pleüst Dieu que le fusse, j'en aroie grant joie;
Vous povés bien savoir que je miex l'ameroie
Que manoir en ce bois; bien dervee seroie 2515
Se j'estoie roÿne et puis le vous celoie;
Ce ne seroit pas sens, se je m'en escusoie;
Ains seroie molt fole se de ce vous mentoie."
De celi la besongne Berte si le desvoie
Que Symons et Constance tous ses bons li otroie. 2520

CVI

Ci lairons de Bertain au gent cors avenant,
De Symon le voier qui ot le cuer vaillant,
De Constance sa fenme, cui Diex doinst joie grant;
Tant leur a Berte dit, et arriere et avant,
Que tout kanqu'il leur plaist leur a fait entendant. 2525
De ceaus vous parlerons qui Berte vont querant.
Par trestout le paÿs vont la terre cerchant,
De la chose qu'il quierent vont par tout demandant,
Mais onques n'en aprirent un bouton vaillissant;
A Paris s'en revindrent, la cité bien seant. 2530
La trouverent le roi de cuer triste et dolant;
Et quant li rois les voit si apele Morant,
Et Morans vint a lui molt durement plorant.
"Sire," ce dist Morans, "par le cors saint Amant,
Requis avons madame de cuer tres desirant; 2535
N'a entour la forest remés home vivant,
Chevalier ne borjois, vilain ne paÿsant,
Sarcleur ne charbonnier, ne vilain ahanant,
Nes ceaus qui sont des bestes en la forest gardant, [b]
A glyse n'a chapelle, ne a gent trespassant, 2540
Cui n'aions raconté trestout le couvenant;

2519-20 "Berte so leads him astray from the business of the queen (*celi*) that Symon and Constance accept all her insistences." Note that *otroient*, where the final *-nt* seems to be virtually silent, is here used in an *-oie* rhyme. The word *bon* is used to designate the essence, or heart, of a statement or argument.

Mais or en savons mains que ne saviens devant."
Quant li rois l'entendi, de cuer va souzpirant,
Et li serjant se partent de lui a cuer dolant.

CVII

Quant voit li rois Pepins que nouveles n'orra 2545
De sa fenme Bertain, grant duel en demena.
Tel duel en ot Morans de ce que il laissa
Sa dame en la forest, quant Tibers l'em mena,
Et si doi conpaignon, que chascuns se croisa;
Por faire penitance chascuns outre mer va. 2550
De ces trois conpaignons nus ne s'en retorna,
Fors que Morans sans plus; cil revint par de ça,
Et li autre morurent; sachiés k'ainsi ala;
Or en ait Diex les ames, qui tout le mont forma!
Un jour li rois Pepins son oirre apareilla 2555
Pour aler vers Angiers, ou n'ot esté pieça.
Par la terre d'Anjou longuement conversa.
Tout droit en cel termine que li rois estoit la,
Vint dux Namles a lui; la endroit le trouva
Por estre chevaliers, grant volenté en a; 2560
Bien douze conpaignons avoec lui amena.
Devant le roi Pepin Namles s'agenoilla
Et tout li autre ensamble, chascuns le salua;
Dux Namles de Baiviere premierement parla.
"Bons rois," ce a dit Namles, "nous venons a vous ça, 2565
Né sonmes d'Alemaigne, de la terre de la;
Fils au duc de Baiviere sui, n'en mentirai ja;
Pour estre chevalier a vous nous envoia.
Quant partimes de lui, tres bien nous conmanda
Ne fussiens chevalier fors de vous; ce sera, 2570
Gentiex rois debonaires, si tost com vous plaira,
Et de vous a servir chascuns se penera."
Quant li rois ot Namlon, durement le prisa;
Tous les a retenus, forment li agrea,
Et dist k'a Pentecouste chevaliers les fera, 2575
Droit au Mans la cité, la les adoubera.
Chascuns des damoisiaus le roi en enclina.
A tele heure dux Namles en la court demora,
Avoec le roi Pepin, et si bien s'i prouva
Que maistres fu de France et chascuns l'i ama; 2580
Puis au roi Charlemaine maint bon conseil donna.
Droit au Mans la cité li rois Pepins ala,
Le jour de Pentecouste Namlon i adouba, [c]
Et tous ses conpaignons, que nul n'en i laissa,
Et de ceaus de sa terre tant que cent en y a. 2585

CVIII

Le jor de Pentecouste, si conme avés oÿ,
Fu Namles chevaliers et maint autre avoe[c] li.
Molt par ot li dux Namles loial cuer et hardi,
Par son hardement furent puis maint Turc assailli,
Et par le sens de lui et mort et desconfi. 2590
Forment les honnora li rois et conjoï
Quintaine font fermer en un biau pré flori;
Dux Namles et li autre, chascuns d'aus i feri,
Des nouviaus chevaliers nus ne s'en alenti.
Li rois fu en un pré desouz un pin fueilli, 2595
Devant lui sont venu si plus privé ami.
"Sire," font il a lui, "por le cors saint Remi,
Pourquoi ne prenés fenme? serés tous jors ainsi?"
"Seignor," ce dist li rois, "savez que je vous di:

Ma premeraine fenme amai molt et chieri,   2600
Ne plot Dieu que j'eüsse onques nul hoir de li;
Puis en repris une autre dont molt me meschaÿ,
Berte la debonaire, que je molt petit vi,
S'en ai si durement le cuer triste et mari
Que mais ne prenderai fenme, ce vous afi.   2605
Or ne m'en parolt nus, car, pour voir le vous di,
Quant me souvient de Berte, a pou que ne m'oci;
Mais puisqu'il plaist a Dieu, qui onques ne menti,
Et a sa douce mere, de cuer les en graci
De kanques il m'envoient, et molt les en merci."   2610
Quant li baron l'oÿrent, molt furent esbahi
Quant si faites paroles ont de Pepin oÿ;
Nus ne parla aprés, tout furent abaubi.
Quant fu tans de souper, n'i misent lonc detri,
En la cité dou Mans sont arrier reverti;   2615
La demora li rois dusques au merkedi.
En la forest ala chacier droit au joesdi,
Un grant cerf ont trouvé, celui ont acueilli.
Quant li rois l'a veü, forment li abeli;
Seur un bon chaceour si le cerf poursiui,   2620
Que trestoutes ses gens uns et autres perdi.

CIX

Or fu li rois Pepins en la forest antie,
Parmi le bois s'en va tous seuls sans conpaignie.
De Pepin vous lairai un pou a ceste fie,
Si dirai de Bertain cui Jhesus beneÿe,   2625
Qui lonc tans ens ou bois a esté herbergie
A la maison Simon et Constance s'amie,   [d]
Qui l'ont avoec lor filles molt doucement norrie.
Lés la maison Simon, pres d'une praerie,
Avoit une chapele de grant ancesserie,   2630
Que hermite jadis i orent establie;
La chapele ert venue es mains d'une abeÿe,
La ooit Symons messe et toute sa maisnie;
Quatre arcies ert loing dou manoir, et demie.
En la chapele ert Berte qui bien fu ensaignie,   2635
Par derriere l'autel s'ert la bele mucie,
Ou de cuer prioit molt Dieu et sainte Marie
Que son pere et sa mere doinst Jhesus bonne vie.
Por le roi Pepin prie, celui n'oublie mie,
Que Damediex le gart de mal et de folie,   2640
Car bien li a esté la nouvele noncie
Que por li a li rois souvent chiere assouplie
Et que la gent de France en est toute esmarie.
Constance et ses deus filles l'ont iluequ100es laissie;
Por la raison de ce qu'eles n'en virent mie,   2645
Cuiderent k'a l'ostel fust arrier repairie.
La remest toute seule, Diex li soit en aÿe,
Car assés tost sera durement corroucie.

2600-01 Blancheflor. See v. 86 above.

2634 *Quatre arcies et demie* equal about a half mile. Sexton T. Pope (University of California Publications in American Archaeology and Ethnology XIII (1917-23), 329-414) has made a study of bows and arrows. A bow modelled after specifications of 1545, with a pull of 52 pounds, could shoot 185 yds. The distance varied with the type of arrow. A broad head was shot 190 yds. A modern bow with a pull of 75 pounds, can shoot as far as 250 yds., but it is doubtful that in the time of Adenet there was anything superior to the "Mary Rose bow" of the year 1545.

CX

Par dedens la chapele fu Berte o le cors gent;
Quant ele se perchoit qu'ele est si seulement, 2650
Son sautier et ses heures prent molt isnelement,
Devers l'autel s'encline, puis s'en ist erranment.
Es vous le roi Pepin, qui ne va mie lent,
Corant par la forest et requerant sa gent.
Ou qu'il voit la pucele, vers li vint belement, 2655
Et quant Berte le voit, molt grant paour l'en prent.
Et li rois la salue molt tres courtoisement,
Et Berte conme sage au roi son salu rent.
"Bele," ce dist Pepins, "n'aiés esfreement,
Je sui des gens le roy ou douce France apent; 2660
J'ai ma route perdue, s'en ai le cuer dolent;
Sauriiés vous ci pres maison ne chasement
Ou je peüsse avoir aucun rassenement?"
"Sire," ce a dit Berte, "par Dieu omnipotent,
Ci devant maint Simons, preudons est durement, 2665
Bien vous ravoiera par le mien escient."
"Bele," ce dist Pepins, "grans mercis vous en rent."
Quant Pepins vit son vis vermeil et rouvelent,
Qu'ele ert blanche et vermeille et de joene jouvent,
D'amour et de desir tous li cuers li esprent. 2670
De son cheval a terre tout maintenant descent, [94a]
Et Berte remest quoie, qui nul mal n'i entent,
Et li rois l'araisonne molt debonnairement,
Et Berte li respont molt apenseement,
Et li rois assez tost entre ses bras la prent. 2675
Et quant Berte voit ce, molt ot grant mariment,
Damedieu reclama, qui maint ou firmament.

CXI

Li jors fu biaus et clers, qu'il ne pluet ne ne vente,
Et Berte fu ou bois delés Pepin dolente,
Qui molt estoit plaisans et de joene jouvente, 2680
Et Pepins li requiert por Dieu k'a lui s'assente
Et que de son voloir faire ne soit pas lente:
"O moi venrés en France, la terre noble et gente,
Ja n'i verrez jouël, tant soit de chiere vente,
Que je ne vous achate se il vous atalente, 2685
Et si vous asserrai ou paÿs bele rente,
N'aura home en la terre qui de riens vous tormente."
Tout ce ne prise Berte une fueille de mente;
Molt se blasme en son cuer et forment se demente
K'ainsi s'est oubliee seule, molt s'en gaimente. 2690
Li rois Pepins voit bien que ele s'espoente.

CXII

Molt fu Berte dolente, la roÿne au vis cler.
"Frans hom," fait ele au roi, "por Dieu, laissiez m'ester,
Trop me faites ici longuement demorer,
Car mes oncles Symons doit assés tost disner, 2695
Por ce k'aprés mengier s'en doit au Mans aler
As gens le roi de France, pour vitaille porter."
"Bele," ce dist Pepins, "je vous vueil demander
Qui vous fait ci si seule par ce bois converser."
"Sire," ce a dit Berte, "je nel vous quier celer: 2700
A ceste chapelete que ci veés ester,
Estoie hui main venue pour la messe escouter
Avoec Simon mon oncle dont m'oés reclamer;
En un anglet m'alai toute seule acouter
Por pardire mes heures; ce m'a fait oublier." 2705

Quant li rois Pepins l'ot si doucement parler
Et la voit si tres bele c'on s'i peüst mirer
(Le vis ot rouvelent, bel et riant et cler)
Lors la prent en son cuer forment a goulouser,
De la serve li menbre, cui Diex puist mal doner; 2710
Vis li est k'ains ne vit fenme miex ressambler;
Encor li samble Berte plus bele a esgarder.
Lors ne se tenist mie, qui le deüst tuer,
Que son povoir ne face de s'amour conquester.
"Bele," ce dist Pepins, "par le cors saint Omer, [b] 2715
Faites ma volenté, je vous vueil creanter
Tant vous donrai d'avoir com oserés peser;
En France vous menrai pour vo cors honnorer;
Je suis maistres le roi qui France a a garder,
Miex sui de lui que nus, sans mençonge conter. 2720
Sachiés, tant ai d'avoir k'assés vous puis donner,
Ce est chose passee, ja n'i estuet penser;
Ma volenté ferés, quoi qu'il doie couster."
Quant Berte l'entendi, si prist a souzpirer,
Des biaus iex de son chief conmença a lermer; 2725
Bien voit par autre tour ne porra eschaper
K'a dire qui ele est, ne puet plus contrester.
"Sire," fait ele au roy, "je vous vueil conmander,
El non a ce Seignor qui se laissa pener
Ens en la Sainte Crois, por son pueple sauver, 2730
K'a la fenme Pepin ne puissiés adeser:
Fille sui le roy Floire, de ce n'estuet douter
Et fille Blancheflor, que Diex puist honnorer."
Quant li rois l'entendi, color prist a muer,
De la joie qu'il ot ne pot un mot sonner. 2735

CXIII

"Sire," ce a dit Berte, "de Dieu et de sa mere
Desfenc que envers moi n'aiés pensee amere,
Que de mon pucelage ne me soiés tolere;
Roÿne sui de France, ja n'en soit nus doutere,
Fenme au roi Pepin sui, rois Floires est mes pere, 2740
Et si est Blancheflor la roÿne ma mere,
Qui de tous biens est plaine, n'est escharse n'avere,
Mais douce et debonaire et de franche matere;
La dame de Sassoigne est ma suer, s'ai un frere
Qui est dux de Polenne et des pors de Grontere; 2745
De par Dieu vous desfenc, qui est vrais gouvernere,
Que ne me faciés chose qui a honte me pere;
Miex vorroie estre morte, si me soit Diex sauvere."

CXIV

Quant li rois ot que Berte li dist par verité
Que roÿne est de France, molt bien l'a escouté, 2750
Mais molt en ot le cuer durement trespensé.
"Bele," fait il, "s'il est si com m'avés conté,
Ne vous feroie mal pour mil mars d'or pesé."
Quant Berte l'entendi, forment le prist en gré,
En son cuer en a molt Damedieu aoré; 2755
Vers la maison Simon a son vis retorné.
En alant cele part, li a molt demandé
Li rois de son afaire, mais molt l'en a celé;
Ele ne fait pas force que li ait raconté, [c]
Mais qu'ele eüst son cors de cel perill geté. 2760
Ele a bien en son cuer vraiement enpensé
Que mais n'ira si seule en jor de son aé.
Tant a le roi Pepin par parole mené

K'ens ou manoir Simon sont tout ensamble entré.
A l'entree ont Simon et Constance encontré, 2765
Isabel et Aiglente, qui avoient ploré
Por amour de Bertain qui tant ot demoré;
Il l'aloient requerre quant il ont regardé
Que uns homs la remaine, si se sont arresté.
Le visage Bertain voient tout esfreé, 2770
Bien voient que n'a pas eü sa volenté;
Or sachiez vraiement, de cuer lor a pesé.
Et li rois a Constance et Simon salué,
Isabel et Aiglente n'i a pas oublié,
Car molt avoit le cuer tres sage et avisé. 2775
Bien voient qu'il est hom de grant nobilité.
Dist leur qu'il ert au roi de Paris la cité
Et que il ert maris dedens ce bois ramé.
Quant il l'ont entendu, forment l'ont honnoré.
Pepins a pris Simon, d'une part l'a mené, 2780
Car de Bertain vorra enquerre la purté,
Com cil qui longuement l'a de cuer desiré.

CXV

A la maison Symon, en la forest ramee,
Fu li bons rois Pepins a la chiere menbree.
Quant a Simon ot dit un pou de sa pensee, 2785
Constance a cel conseil fu molt tost apelee.
"Dame," ce dist li rois, "dites moi, s'il vous gree,
Qui est cele pucele que j'ai ci ramenee?"
"Sire, c'est nostre niece, lonc tans l'avons gardee,
Toute a par sa bonté nostre amour conquestee, 2790
Plus l'aim que mes enfans, si soit m'ame sauvee.
Forment se plaint de vous, molt en sui aÿree,
A force la vousistes avoir despucelee,
Mais foi que doi Simon a la barbe mellee,
Se ne fussiez au roi de France l'onneree, 2795
La paour k'a eüe eüssiés achetee;
Miex vorroie estre morte, se ne soie dampnee,
Que de son pucelage l'eüssiés desrobee,
C'onques mais ne vi fenme de tous biens plus senee,
Ne qui si fust a Dieu dou tout en tout donnee." 2800
Quant li rois Pepins l'ot, Constance a regardee.
"Dame," fait il, "ne soit pas la chose celee,
Sachiés que par li m'est tel chose racontee [d]
Que, se c'est verités, bien serés eüree
De ce que vous l'avés si lonc tans ostelee; 2805
Ele m'a conneü qu'ele est Berte apelee
Et que fenme est le roi de France la loee;
Dites moi se c'est voirs sans longue demoree,
Et gardés k'en mençonge n'en soiés pas trouvee,
Car vous en porriés estre honnie et vergondee." 2810
Quant Symons et Constance ont la chose escoutee,
N'i a celui des deus n'ait la color muee;
Molt sont dolent de ce que niece l'ont clamee.
"Sire," ce dist Simons, "or oiés ma pensee:
Puis k'ainsi est la chose et venue et alee, 2815
Et que ele meïsme la vous a devisee,
Diex en soit graciés et sa mere aoree,
Car nous n'en saviens riens, par la Virge honnoree."
Lors li a devisé le tans et la jornee,
Conment il la trouva droit a une ajornee
Tout le meschief li conte conment ert esgaree
Et de fain et de froit esprise et malmenee,
Et sa desconnoissance n'i a pas oubliee,

Conment dist que d'Aussai estoit norrie et nee
Et que par guerre estoit dou paÿs dessevree,   2825
Et conment ele estoit cele nuit engelee.
"Sire, et vous di pour voir, k'a cele matinee
Fust morte, ainsi le croi, se ne fust reschaufee;
Despuis l'avons ceans norrie et alevee
Et l'avonmes tous dis nostre niece clamee,   2830
Pour ce que voulions qu'elle en fust plus doutee,
C'on ne li fesist chose dont point fust tormentee;
Sachiés que de tous biens est si sage et fondee
Et a tout son afaire a tel chose atornee
Qu'il n'a si preude fenme en toute la contree."   2835
Quant Pepins l'entendi, molt li plaist et agree.

CXVI

"Sire," ce dist Simons, "par la foi que vous doi,
Puis ce di que vous estes des gens a nostre roi,
Ceans en mon ostel molt volentiers vous voi,
Et ce que vous me dites molt tres volentiers oi;   2840
Onques mais en ma vie si tresgrant joie n'oi,
Mais nous n'en saviiens riens, par le cors saint Eloy,
Ne ce n'est ele pas, c'est ce que je miex croi:
Si me puist Diex aidier, ne saroie pourquoi
Ele l'eüst celé, s'en sui en grant esfroi,   2845
Selonc ce qu'ele est sage, sans mal et sans desroi."
"Simon," ce dist li rois, "savés que je vous proi?   [95a]
K'alons a li parler, se il vous plaist, nous troi."
"Sire, puisqu'il vous plaist," dist Simons, "je l'otroi."

CXVII

"Sire," ce dist Simons, "savés que je feroie?   2850
S'il vous venoit en gré, a li parler iroie,
Et Constance ma fenme avoeques moi menroie;
Derrier cele courtine tres bien vous reponroie,
Bertain ici endroit tout errant amenroie,
De ceste chose ci oiant vous enquerroie;   2855
C'est le miex que g'i sache, ainsi le loeroie."
Et li rois dit que ce li samble bonne voie;
Ainsi l'ont arreé puisque li rois l'otroie.
Simons vint a Bertain, si la prent par le doie,
Et Constance en sa chambre doucement la convoie.   2860
"Dame," ce a dit Berte, "je vous demanderoie
Que cil est devenus, se demander l'osoie,
Qui me fist tant d'anuis, orains quant revenoie
Devers nostre chapele; encore m'en anoie."
"Bele, il en est alés, ne vous en mentiroie;   2865
Tel chose nous a dite dont nous avons grant joie;
Pour quoi l'avez celé? li cuers m'en assouploie."
Berte esgarde vers terre, un petit se hontoie;
Simons l'assiet lés lui, molt fu taisans et quoie.

CXVIII

"Berte," ce dist Simons, "par le cors saint Remi,   2870
Cis hom qui orendroit s'en est alés de ci,
Nous a dit tel nouveles dont Damedieu graci,
Que fenme estes Pepin, le bon roi poesti;
Lonc tans l'avés celé, certes ce poise mi,
Plus eüsse vo cors honnoré et servi."   2875
"Bele," ce dist Constance, "n'i ait de riens menti,
Mais dites verité, por Dieu je le vous pri."
Quant Berte l'entendi, molt durement rougi,
Molt debonairement tout errant respondi.

"Dame, autre fois," fait ele, "m'avez vous dit ainsi,   2880
Des lors, se je le fusse, l'eüsse je gehi,
Voire le premier jour que je onques ving ci.
Voire est que autrement ne poi trouver merci
De l'home qui huimain ens ou bois m'assailli;
Se ce ne fust, mon cors, je croi, eüst honni;   2885
Mais par ceste mençonge vers lui me garanti:
Dis li que iere fenme Pepin le roi hardi
Et fille le roi Floire, un roi molt seignori;
Bien avoie oÿ dire conment on ot traÿ
La roÿne de France au gent cors et poli,   2890
Et conment fu laissie dedens le bois fueilli.   [b]
Si tost que dit li oi, tout errant me guerpi;
Nul autre eschivement de moi garder n'i vi,
De ce tour m'apensai, Damedieu en graci."

CXIX

   Berte fu en la chambre, la gente, l'eschevie,   2895
Entre li et Simon et Constance s'amie;
Li rois Pepins i fu, mais ele nel set mie.
De mainte chose i fu Berte molt araisnie
Et souvent oposee et forment assaillie;
Tant doute a corroucier Dieu et sainte Marie   2900
K'ainc ne lor volt connoistre denree ne demie.
Constance la remaine en une autre partie;
En une chambre l'a lés ses filles laissie,
Puis s'en est tout errant vers Symon repairie.
Le roi y a trouvé, qui ot chiere esmarie.   2905
"Sire," ce dist Constance, qui fu bien ensaignie,
"Ne sai que vous en dites, toute en sui abaubie;
Parfoi, se ce fust ele, trop seroit esbahie;
Se ele le celoit, ce seroit derverie;
Selonc ce qu'ai oÿ, ne sai que vous en die."   2910
Lors se leva li rois, mais n'a talent qu'il rie,
Congié prent a Constance, que il plus ne detrie,
Et Simons le convoie, cui Jhesus beneïe.
Droit au Mans l'en remaine, s'a sa chace laissie,
A cele heure li fu molt pou de chacerie.   2915

CXX

   Quant li rois Pepins fu dou manoir eslongniés
Symon en apela, qui bien fu ensaigniés.
"Simon," fait il a lui, "vous ne me connoissiés,
Je sui li rois Pepins, tout de fi le sachiés."
Quant Simons l'entendi, joians en fu et liés;   2920
Sagement s'est Simons vers lui humeliiés.
"Sire," fait il au roi, "tresbien venus soiés,
Molt sui dolans de cuer quant si sui enigniés
Quant je ne vous connui, s'en sui mesaaisiés,
K'autrement honnorés en ma maison fussiés."   2925
"Ne vous chaut," dist li rois, "bien m'en tieng apaiés,
Fors que por la roÿne ma fenme sui iriés,
Que par grant mescheance m'a tolue pechiés."
Molt souvent fu Symons de Pepin araisniés,
Touṣ leur parlemens fu de Bertain as grans piés.   2930

CXXI

   "Simon," ce dist li rois, "savés que vous ferés?
Quant vendrai lés le Mans, arrier retornerés.
De ceste chose ci a nului ne parlés
Fors sans plus k'a vo fenme, tresbien vous en gardés,
Car sachiés que mes cuers est a ce atornés   [c]   2935

Que cele soit ma fenme, ja mar le mescroirés;
De ce qu'ele le noie, tous en sui trespensés."
"Sire," ce dist Simons, "jamais ne me creés
Se ce n'est vostre fenme, Berte que tant amés.
Quant la trouvai el bois, molt ot de povretés,   2940
Toute estoit afamee, ses cors ert engelés;
Espoir fu en cel point de li tex veus voés
Par quoi de li doit estre ses afaires celés,
Et s'ele l'a voé, ja mar le mescroirés,
Ne le briseroit mie pour l'or de dis cités,   2945
C'onques plus preude fenme ne vit hom qui soit nés."
"Simon," ce dist li rois, "bien estes avisés,
Je croi bien vraiement que vous voir dit avés,
Mais bien savés par fenme ai esté enganés,
Et pour ce que ce soit plus grande seürtés,   2950
Manderai au roi Floire, qui est preus et senés,
Et Blancheflor aussi, n'en iert uns oubliés,
Conment sui a Bertain en ce bois assenés;
Bien sai li uns des deus sera ça tost tornés.
Ou ennuit ou demain iert li mes aprestés   2955
Par cui iert li messages en Hongrie portés;
Au plus tost que porrai, sachiés, me reverrés;
Gardés de ceste chose ne soit nus mos sonnés
Constance vostre fenme molt me saluerés,
Si vous pri de Bertain que vous plus l'onnorés   2960
Que ne faisiés devant, se vous de riens m'amés."
"Sire, si ferai je, puisque vous le voulés."
Tant est Simons avoec le roi Pepin alés
Que de molt de sa gent fu li rois retrouvés.
Par le conmant le roy est Symons retornés,   2965
Doucement fu dou roi a Jhesu conmandés.
A sa maison s'en vint, qui ot non Florimés;
De lui fu a Constance cis afaires contés.
De Constance en fu molt Damediex aorés,
Simons en fu de joie baisiés et acolés.   2970
En la cité dou Mans en est li rois entré,
Quant il fu descendus, ne s'i est arrestés,
Un chapelain apele qui estoit ses privés,
Le brief li fait escrire, tantost fu seelés;
En celui jor meïsme s'en est li mes tornés.   2975
Damediex le conduie, li rois de majestés!

CXXII

Or s'en va li messages, durement se hasta,
Car li bons rois Pepins molt de cuer l'en pria;
Dit li a k'au retour riche home le fera.   [d]
A Paris la cité li rois s'en retorna,   2980
O lui le duc Namlon, que durement ama;
Lui et ses conpaignons molt forment honnora.
Li mes par ses jornés tant fist et tant ala
Que le roi de Hongrie en sa terre trouva;
O lui fu Blancheflor, ou molt de tous biens a.   2985
Droit devant le roi Floire li més s'agenoilla,
De par le roi Pepin a point le salua,
Et lui et la roÿne, les lettres lor donna.
Li rois oevre la cire, la lettre reversa;
Ains qu'il eüst parlut, la roÿne apela.   2990
"Blancheflor, douce amie," fait il, "entendés ça,
Vez ci teles nouveles dont Diex loés sera,

2990 The participle form *parlut* is remarkable. This is analogical with such participles as *lut* in 2994.

C'est bien drois, que mains cuers grant joie en avera."
Li rois a lut le brief, que riens n'i oublia;
Trouvee y a la chose ainsi com ele va, 2995
Conment li rois Pepins dedens le bois chaça,
Conment Berte la bele ens ou bois encontra,
Et la raison pourquoi il l'a laissie la;
Bien croit que ce soit ele, mais la la laissera
Dusk'a tant que rois Floires la reconnistera 3000
Ou Blancheflor sa mere; par foi, or i parra
Se li uns ne li autres onques Bertain ama.
Li rois et la roÿne l'uns l'autre regarda,
Si sont espris de joie que nus d'aus ne parla;
De joie et de pitié rois Floires lermoia, 3005
La roÿne de joie trestoute tresala.
Li rois entre ses bras Blancheflor releva;
Quant ele pot parler, si dist n'arrestera,
Ne mais en une vile c'une nuit ne gerra,
Dusqu'a tant que la bouche de Bertain baisera, 3010
Car bien set que c'est ele, ja plus n'i pensera;
Li cuers li dist por voir, bien s'en aseüra.
"Dame," ce dist li rois, "ne vous esmaiés ja,
Que j'ai non li rois Floires, qui avoec vous ira
Et qui demain a l'aube, se Dieu plaist, mouvera." 3015
Quant la dame l'entent, forment l'en mercia.
Tout tantost li rois Floires son oirre apareilla
Por l'endemain mouvoir; ainsi le conmanda.
La roÿne se drece, le message acola,
Voiant ceus qui la furent doucement le baisa. 3020
L'endemain li rois Floires molt tres matin monta,
Maint haut baron o lui en la voie mena.
Tant fist par ses jornees et si bien esploita [96a]
K'a Paris est venus; grant joie demena.
Li rois et si baron chascuns molt l'onnora 3025
Et lui et Blancheflor, car bien raison y a.

CXXIII

Molt a li rois Pepins noblement receü
Le bon roi de Hongrie qui ot le poil chenu,
Et Blancheflor sa fenme, mieudre dame ne fu;
Mainte chose a l'uns a l'autre iluec ramenteü. 3030
"Rois Pepins," dist la dame, "pour Dieu le roi Jhesu,
Hastons nous d'aler la pour quoi sonmes venu."
"Dame," ce dist Pepins, "trop avons atendu,
Mais demain, se Dieu plaist, serons matin meü."
A Paris la cité n'ont c'une nuit geü. 3035
Tant vont par leur jornees que au Mans sont venu
A heure de disner, ainsi l'ai entendu,
Mais Blancheflor n'i a ne mengié ne beü,
Por l'amour de sa fille a le cuer esperdu,
Que mais ne sera aise si avera seü 3040
Se c'est Berte sa fille, tost l'avera veü.
A tant es vous Simon le bon voier venu.
Vers le roi Pepin va, si li fist gent salu,
Et quant li rois le voit, tost l'a reconneü,
D'une part l'a mené en un lieu destolu. 3045

CXXIV

"Sire," ce dist Simons, "est Blancheflor venue?"
"Oïl," ce dist li rois, "mais si est esperdue
Qu'ele ne puet dormir, ne boit ne ne mengue,
N'aura joie s'aura Bertain reconneü,

Sachiés, se c'est sa fille que tant avés eüe, 3050
Vous poés tres bien dire k'onnors vous est creüe."
"Sire," ce dist Symons, "si soit m'ame assolue
Que c'est Berte vo fenme, qui doit estre vo drue,
Bons rois, que vous avés en ma maison veüe;
Mainte fois en ai puis a li raison tenue; 3055
Si tost com j'en parole, tantost sa color mue
Ne ne me veut respondre, tant est taisans et mue,
Si en est abaubie que trestoute tressue.
Si vraiement me face Diex a ma fin ayüe
Qu'il n'a plus preude fenme de li desouz la nue." 3060
Quant li rois l'entendi, grant joie en a eüe.
"Simons," ce dist li rois, "la chose iert tost seüe,
Tout maintenant sera nostre voie tenue
Droit a vostre maison en la forest ramue,
Querre i alons grant joie, bien l'avons porseüe; 3065
Diex la nous doinst trouver, bien l'avons atendue!"

CXXV

Molt ot ou roi Pepin sage home et apensé; [b]
Roi Floire et Blancheflor a tout errant mandé,
Et il i sont venu, de l'aler apresté.
A privee maisnie issent de la cité, 3070
Et Symons les convoie qui plains fu de bonté.
Pepins a bien roi Floire et Blancheflor celé
Que ce soit li preudons qui leur fille ait gardé,
Dusqu'a tant qu'il en sachent vraiement la purté.
Ainsi s'en vont ensamble parmi le bois ramé, 3075
Jusk'au manoir Symon ne se sont arresté,
Blancheflor la roÿne l'avoit molt desiré.
Par dedens le manoir sont tout ensamble entré;
Simons vint a Constance, se li a demandé:
"Bele suer, ou est Berte, por sainte charité? 3080
Vez ci le roi Pepin que j'ai ci amené
Et Floire et Blancheflor, ou molt a de bonté."
"Sire," ce dist Constance, "Diex en ait hui bon gré!
Ele siet en ma chambre, par fine verité,
Ou ele a des huimain molt durement ouvré 3085
Au drap de nostre autel que trouva desciré."

CXXVI

Quant Simons li voiers ot sa fenme escoutee,
Le roi Floire apela a la barbe mellee,
Pepin et Blancheflor, n'i fait plus d'arrestee;
En sa chambre les maine, qui estoit desfermee, 3090
Bertain la debonaire ont la endroit trouvee.
Quant ele les choisi, tout tantost s'est levee,
Tantost connut sa mere, au pié li est alee,
Et Blancheflor de joie chiet a tierre pasmee.
"Aÿde Diex!" dist Floires, "nostre dame honnoree, 3095
Ce est Berte ma fille que j'ai ici trouvee,
Diex par sa grant douçour la nous a rassenee."
Rois Floires prent Bertain, que tant ot desiree,
Doucement l'a baisie, estrainte et acolee;
Blancheflor se relieve, des mains li a ostee, 3100
De li baisier ne puet estre bien saoulee.
La gent qui la estoient sont iluec assamblee,
Quant il sevent conment ont joie recouvree;
La oïssiés de joie conmencier tel criee
K'ainc tel joie ne fu veüe n'esgardee. 3105
"Ha! Diex," ce dist Pepins, "qui fist ciel et rousee,
Sire, loés soiés de ceste destinee;

78   Berte aus grans piés

Ma mescheance ai, sire, por vous en gré portee,
Et vous la m'avés, sire, tres bien guerredonnee,
Car ma mesaise avés en grant joie muee,   3110
C'onques mais en ma vie n'oi de joie denree   [c]
Qui ore ne se soit a cent doubles doublee;
Que cele qui de vous fist la sainte portee,
En soit hui en ce jour graciie et loee!"
Dusk'au Mans est molt tost cele nouvele alee,   3115
Toute la gent le roi i keurt conme dervee,
Il n'a cloche en la vile que l'en n'i ait sonnee.

CXXVII

Quant Berte voit son pere et sa mere autressi,
Ele ot si tresgrant joie, par verté le vous di,
K'a paines pot mot dire, tous li cuers li failli.   3120
Pepins vint lés Bertain, n'i mist pas lonc detri.
"Douce amie," fait il, "por Dieu parlés a mi,
Je sui li rois Pepins, qui vous prie merci
De ce k'ains en ma vie certes ne desservi."
Forment s'esmerveilla Berte quant l'entendi,   3125
Molt debonairement et a droit respondi:
"Sire, se c'estes vous, Damedieu en graci,
Qui de la sainte Virge en Bethleem nasqui."
Blancheflor et rois Floires ont de cuer conjoÿ
Berte la debonaire cent tans plus que ne di;   3130
Onques de plus grant joie nus hom parler n'oÿ
K'ot cel jour chiés Simon dedens le bois fueilli.
Li rois Pepins apele un sien sergant Henri,
Gautier son mareschal, son chambellenc Tierri:
"Alés ent tost au Mans, ne soiés alenti;   3135
Faites venir des tentes, car je le vueil ainsi;
Ci endroit remanrai, par le cors saint Remi,
Joie i ai retrouvee que je pieç'a ne vi;
Or nous pourveés bien, car nous remanrons ci;
Faites venir Namlon, ce vous conmant et pri."   3140
Cil s'en vont, qui dou faire sont tout atalenti,
Tout ainsi l'arreerent, ce fu par un lundi.

CXXVIII

Molt refu Blancheflor de joie revestie,
Puisqu'elé tient sa fille doucement enbracie,
Berte la debonaire, la blonde, l'eschevie;   3145
Mainte fois l'a le jour acolee et baisie.
Devant leur vint Simons et Constance s'amie,
Ysabiaus et Aiglente, que Berte ne het mie.
Quant Berte les choisi, molt tost est sus saillie.
"Mere," ce a dit Berte, "por Dieu le fill Marie,   3150
Vez ci ma douce dame, qui soef m'a norrie,
Et vez ci mon seignor, cui Jhesus beneÿe,
Qui seule me trouva en la forest antie;
Bien sai, se il ne fust, morte fusse ou mengie;
Aprés Dieu fui par aus de la mort garantie,   [d]   3155
Sachiés que, s'il ne fussent, ne fusse pas en vie."
Quant Blancheflor l'entent, encontre aus s'est drecie;
Aussi fist li rois Floires, li sires de Hongrie.
Molt forment ont Constance de vrai cuer conjoÿe
Et Simon le voier a la barbe flourie.   3160
Es vous le roi Pepin qui faisoit chiere lie,
Ensamble sont assis en la chambre voutie;
Or fu bien cele chambre de joie raemplie.

CXXIX

En la bele forest, mentir ne vous en quier,
Ont demené grant joie chiés Simon le voier; 3165
Assés i firent tentes et paveillons drecier,
Grant joie demenerent, de ce n'estuet plaidier.
Cele nuit jut Pepins avoeques sa moillier,
Trois jors i sejornerent, si l'oÿ tesmoignier.
Une fille engendra, de ce n'estuet cuidier, 3170
Gille ot non et fu mere Rollant le bon guerrier;
Aprés ot Charlemaine, le bon roi droiturier.
Le bon Simon a fait Pepins apareillier
Et lui et ses deus fils, chascun fait chevalier.
Mantiaus de fin drap d'or fait a chascun baillier, 3175
Bien seans a lor gré si conme a souhaidier;
De Simon fait li rois son maistre conseillier.
Dux Namles lor ala les esperons chaucier,
Et li bons rois Pepins leur çainst les brans d'acier,
L'acolee leur donne, puis les ala baisier. 3180
Quant Symons se voit si d'onnor montepliier,
Dieu en prent en son cuer forment, a graciier;
Il et si doi enfant se vont agenoillier
Devant le roi Pepin pour lui a merciier
Et li vorrent le pié et la jambe baisier, 3185
Et li rois il meïsmes les prent a redrecier.
"Simon," ce dist li rois, "par le cors saint Richier,
Molt doi vous et Constance amer et tenir chier,
Car bien avés de joie mon cuer fait aaisier:
Par la grace de Dieu le pere droiturier, 3190
M'avés gardé ma fenme de mortel encombrier."
Qui veïst Blancheflor, la dame au cuer entier,
Constance et ses deus filles estraindre et enbracier,
De joie et de pitié a la fois lermoier,
Bien deïst que ce fust joie de desirrier. 3195

CXXX

Molt fu sage Constance et de bonne maniere,
Et molt ert preude fenme et tres bonne aumosniere.
Simon et ses enfans voit qu'il font lie chiere,
Chascuns avoit mantel a penne bonne et chiere, [97a]
Damedieu en gracie et le baron saint Piere. 3200
"Ha! sire Diex," fait ele, "dous rois, vrais justisiere,
Plus nous faites d'onnour, sire, k'a nous n'afiere,
Nostre Dame en graci, la dame droituriere,
Bien sonmes en biau pré mis de povre bruiere;
Por ceaus de cui part vient ferai mainte priiere, 3205
Se Dieu plaist et je puis, n'en serai pas laniere."

CXXXI

Bien avez entendu ainsi com adouba
Nostre bons rois Pepins Simon qu'il molt ama,
Et lui et ses deus fils, grant amor lor moustra.
Simon et ses enfans, chascun grant don donna, 3210

3171 See 3475. The *Aquin* has Charlemagne say to the slain duc Tiori:
   Te donnay famme Bagueheut la gentis;
   Ma serour est, la belle o le cler vis;
   Or en est veusve et Rolend orphelins (1002-04).
The *Conquête de la Petite Bretagne* (*Hist. litt. Fr.*, XXII, 404) follows this same tradition as to the names of the mother and father of Roland. Bagueheut is probably the same as Bateüs, later Berte, who marries Pepin in the *Anseÿs de Mes* and becomes there the mother of Charles the Bald (*Anseÿs*, ed. H. J. Green, vv. 10589, 14555).

Mil livrees de terre a Simon presenta
Et cinc cens bien seans chascuns de ses fils a;
Isabel et Aiglente, ce dist, mariera,
Cinc cens livres par an a chascune donra.
Et Simons passe avant, mie ne s'oublia, 3215
Et il et si doi fill chascuns s'agenoilla;
Constance et ses deus filles, nule n'i demora,
Chascune s'agenoille, envers le roi clina;
Chascuns de Damedieu le roi en mercia,
La devienent si home; chascun en foi baisa 3220
Les armes qu'il porterent, li rois les devisa
D'asur, mais que de blanc un poi les dyaspra
Li maistres qui les fist, car on li conmanda;
Une grant fleur de lis d'or tout en mi lieu a.
A cinc labiaus de gueules l'ainsnés fils le porta; 3225
Le label au mainsné d'argent on besenta.
Li rois, cui Jhesus gart qui tout le mont forma,
Por l'amour k'ot a aus ces armes lor carcha;
Despuis l'a li lingnages porté et portera,
Encor le porte cil qui l'eritage en a. 3230

CXXXII

Aprés ce que Symons fu ainsi adoubés
Et que li rois li ot donné grans iretés,
Se sont tout li baron parti de Florimés.
De la roÿne Berte fu mains souzpirs getés
Au partir de leëns, car lonc tans i ot més: 3235
Drois nuef ans et demi i fu, c'est veritès.
Sachiés k'en la maison n'est uns tous seus remés,
Ne vallet ne meschine, estrange ne privés,
Cui de par la roÿne ne soit grans dons donnés.
Blancheflor et rois Floires nes ont mie oub[l]iés, 3240
Tant leur donnent que mais n'averont povretés.
Et Simons et Constance, chascuns s'en est alés,
Et lor fis et lor filles n'en i est uns remés. [b]
Au partir de leëns, ja mar le mescroirés,
I fu de la maisnie mains piteus cris getés, 3245
Mainte paume batue et mains cheveus tirés.
"A! douce dame, a Dieu!" font il, "vous en alés,
A Damedieu de gloire soit vos cors conmandés,
Qui vous renge les biens que vous fais nous avés!"
En plorant s'en part Berte, cui Diex croisse bontés, 3250
Et Constance et ses filles jouste li lés a lés.
"Constance," ce dist Berte, "o moi vous en venrés
En la terre de France, ne mais ne me lairés;
Ysabel et Aiglente, vos filles, me donnés;
Ja n'averai richoise por k'aient povretés." 3255
"Dame," ce dist Constance, "si soit com dit avés,
Bien est drois que façons toutes vos volentés."

CXXXIII

Par un mardi matin, ce sachiés vraiement,
Partent de Florimés mainte gent liement,

3221-24 These are the arms of the Boschier family: "d'azur à une fleur de lis d'or, au pied nourri, deux lis au naturel sortant d'entre les côtes." De la Chenaye-Dubois, *Dictionnaire de la noblesse*. 3e édition. Paris. Schlesinger, 1864. III, 596. The "deux lis au naturel" form the "diaspre de blanc (v. 3222). The Boschier was an old Breton family. When translated literally the name means, of course, 'woodsman' and it is evident why Adenet chose these arms for Berte's protector. He must have done this with the consent, if not with the cooperation, of the head of the Boschier family.

Car leur dame en remainent, Bertain o le cors gent. 3260
Encontre sont venu cil dou Mans baudement;
Leur dame ont saluee bel et courtoisement.
Rois Floires l'adestroit et Namles ensement,
Delez li fu sa mere, qui l'esgarde souvent.
Ce jour i ot de lances fait grant defroissement, 3265
Tout li saint de la vile sonnoient hautement.
Li clergiés vient encontre molt ordeneement
A grant procession et bel et netement,
Fiertres et encensiers i ot d'or et d'argent,
De dras d'or et de soie la champaigne resplent. 3270
Tous li paÿs i ert venus conmunaument,
Dames et chevalier i vienent noblement
Pour connoistre leur dame, qu'il en ont grant talent.
En la cité dou Mans entrerent erranment,
Les rues sont couvertes et bel et richement, 3275
Les chaucies jonchies deseur le pavement
De fresche herbe et de jons partout espessement.
Les dames as fenestres sont acesmeement;
Ce jour i peüssiez veoir maint parement;
De ce ne vous ferai nul lonc acontement. 3280
Au perron de la sale la roÿne descent,
Namles et li baron l'adestrent doucement,
Par la main tient sa mere, qui l'aime durement;
Grant feste ot en la vile, huit jors entierement.
Par trestout le roiaume la nouvele s'estent 3285
Que retrouvee est Berte, s'en graci on souvent
Dieu et sa douce mere et ses sains ensement. [c]
Dou Mans s'en departirent, n'i font arrestement,
Vers Paris la cité s'en vont joieusement.

CXXXIV

Or s'en vont li doi roi, n'i firent plus d'atente, 3290
Et Blancheflor et Berte, cui forment atalente.
Pres d'eles fu Constance, Ysabel et Aiglente;
Joieusement chevauchent, n'est riens qui les tormente,
Droit vers Paris s'en vont, la cité noble et gente.
La serve deputaire, cui li cors Dieu cravente, 3295
A oÿ ces nouveles, forment en fu dolente,
Durement li desplaist et molt li destalente.
Molt en a grant paour, et molt s'en espoente,
Grant duel a que li rois a Simon donne rente.
Duel a, quant biens adrece, l'orde serve pullente; 3300
De son tres faus marchié li rende Diex la vente!

CXXXV

Par trestoutes les viles ou Berte trespassoit,
La gent encontre li de toutes pars venoit
A grant procession; chascuns molt l'onnoroit,
Et prioient a Dieu, qui haut siet et loing voit, 3305
Qu'il confonde la serve, en quel lieu qu'ele soit,
Et li et les enfans qu'ele porté avoit,
Quant por li si lonc tans Berte perdue estoit.
Par trestout le roiaume si tresgrant joie avoit
Por amour de leur dame que Diex lor ramenoit, 3310
Que trestous li paÿs contre li acoroit,
A pié et a cheval, que nus n'i demoroit.
Bien cuidoit estre sires qui veoir la povoit.
Ce n'est pas grant merveille se on la desiroit,
Pour les bonnes nouveles que chascuns en disoit 3315
Et por le biau miracle que Diex en demoustroit.

Encontre la roÿne chascuns s'agenoilloit
Et de sa revenue Damedieu gracioit;
Et ele conme sage vers aus s'umelioit.

CXXXVI

La roÿne de France fu molt sage et adroite; 3320
Chascuns pour sa biauté a veoir la couvoite.
Or est bien Blancheflor d'aise en la droite ploite,
Nostre Dame en gracie, la dame beneoite.
Par petites jornees vont, n'ont pas trop grant coite;
Menestrel i font joie, car chascuns la couvoite; 3325
Qui plus i fait de joie, vis li est miex esploite.
Molt fu fausse la vielle et diverse et revoite,
Qui tel dame traÿ faussement en recoite;
Maudite soit sa fille, l'orde serve destroite,
Molt li sera la voie de Paradis estroite, 3330
S'ele n'a repentance d'uevre si maleoite. [d]

CXXXVII

Grant joie orent en France li joene et li chenu.
Encontre Pepin vinrent si ami et si dru,
Et encontre leur dame dont grant joie ont eü;
De ce qu'est retrouvee gracient molt Jhesu. 3335
Tant vont que de Paris ont maint clochier veü;
Paris ert acesmee c'onques mais si ne fu,
Car molt furent la gent de grant joie esmeü
Por le bien que il voient que Diex lor a rendu.
Ne remest en la vile ne chauf ne chevelu, 3340
Ne moine ne abé, ordené ne rendu,
Qui a procession ne soient tout venu.
Sachiés cel jor i ot maint grant destrier coru
Et i ot mainte lance brisie sor escu;
Berte la debonaire ot cel jor maint salu. 3345

CXXXVIII

La roÿne de France est a Paris venue,
De mainte gent i fu molt volentiers veüe,
Noblement l'en amainent contreval la Grant Rue.
"Ha, Diex," disoit chascuns, "Sainte Marie ayüe,
De la male mort soit l'orde serve ferue 3350
Par cui si douce dame a tant esté perdue."
Au perron de la sale ont Bertain descendue.
Or fu bien Blancheflor de grant joie esmeüe,
Quant ele voit sa fille qui si est receüe,
Et voit conment chascuns en a grant joie eüe; 3355
Damedieu en gracie, qui fait corre la nue,
Lui et sa douce mere, ne s'en est pas tenue.
A Paris ont huit jors la feste maintenue,
Plus noble ne plus riche n'iert mai[s] ramenteüe.

CXXXIX

Molt ot el roi Pepin tres gentill home et ber. 3360
De cuer se penoit molt de roi Floire honnorer,
Et Blancheflor aussi, qui molt fist a loer.
Tout droit un dyëmenche, si conme aprés disner,
Es vous venu Morant, qui revient d'outremer;
Ou que il voit le roi, si le va saluer; 3365
Tel joie a des nouveles qu'il a oÿ conter
K'a paines puet de joie au roi un mot sonner.
"Sire," ce dist Morans, "Diex puisse j'aorer,
Quant vous ravez madame, la roÿne au vis cler;

Helas! or n'oserai je mais devant li aler, 3370
Car je sui uns de ceaus, je ne le puis celer,
Qui el bois la menerent por son cors vergonder."
Lors conmence Morans durement a plorer.
"Morans," ce dist li rois, "n'en faites a blasmer,
Car par vous eschapa, ç'ai oÿ recorder." [98a] 3375
Uns mes le va tantost la roÿne conter.
Quant la roÿne l'ot, n'i volt plus demorer;
Voiant tous s'est levee, Morant va acoler.
"Sire," fait ele au roi, "un don vous vueil rouver:
C'est ce que vous Morant vueilliés de cuer amer 3380
Et chevalier le faites maintenant adouber,
Et li faites dou vostre si largement donner
Que si hoir aprés lui s'en puissent gouverner;
S'il ne fust, morte fusse, sor sains le puis jurer,
Quant Tibers li traïtres me volt le chief coper. 3385
En Simon et en lui me vueil tous jors fier
Et de toutes mes choses par leur conseil ouvrer."
Quant li rois l'entendi, ne le volt refuser;
De deus cens mars par an le fait bien assener,
Et Morans, qui fu sages et molt fist a loer, 3390
En va le roi baisier le pié et le soller,
Et en va la roÿne a genous encliner.
Li rois Pepins le fist l'endemain arreer;
Morans fu chevaliers si com m'oés conter.
Blancheflor et rois Floires font Morant presenter 3395
Grant avoir por leur fille qui en oent parler.
For ce fait bon bien faire, chascuns i doit penser,
K'en la fin pert li biens, tant ne puet demorer.

CXL

"Morans," dist la roÿne, "a molt grant meschief ere
Quant Tibers tint l'espee, qui ert trenchans et clere; 3400
La teste me voloit jus des espaules rere,
La vous trouvai piteus et de bone matere;
Se vers moi eüssiés eü pensee amere,
Si com avoit Tibers, qui ert traÿtre et lere,
Mais n'eüsse veüe ma douce chiere mere, 3405
Ne le roi des François, ne roi Floire mon pere.
Je vous trouvai loial et ami conme frere,
Mais de guerredonner ne serai pas avere."
"Dame," ce dist Morans, "Diex, nostre vrais sauvere,
Vous soit, tres douce dame, de ce guerredonnere!" 3410

CXLI

Molt fu grande la joie a Paris la cité;
Molt a li rois Pepins le roi Floire honnoré;
Et lui et Blancheflor, molt les tient en chierté.
Aprés ce que li rois ot Morant adoubé,
Ne demora rois Floires c'un mois ens ou regné. 3415
Ne vous aroie pas en grant piece aconté
Les dons ne les richesces que on a presenté
De par le roi Pepin as Hongrois et donné,
Et de par la roÿne, ou molt ot de bonté. [b]
Par un joesdi matin ont leur oirre apresté, 3420
Au partir de Paris ont maint souzpir geté.
Rois Floire et Blancheflor ont a Dieu conmandé
Toute gent, une et autre, qui les ont encontré;
Trestout les beneïssent, et estrange et privé.
Li rois Pepins de France et Berte au cuer sené 3425
Sont dusqu'a Saint Quentin tous jors avoec alé;
La endroit n'ont ensamble que deus jors sejorné.

CXLII

Tout droit a Saint Quentin, c'est verités prouvee,
Se parti Blancheflor de Berte la senee;
Rois Floires a sa fille baisie et acolee; 3430
A li prennent congié, a Dieu l'ont conmandee,
Et Berte la roÿne remest toute pasmee;
Doucement l'a li rois Pepins reconfortee,
Et cele gent hongroise s'en est tantost alee.
Mainte terre trespassent, mainte estrange contree, 3435
Tant k'en lor terre vinrent. Joie i ont raportee,
Dont Diex fu molt loés et sa mere aoree.
Aprés lor revenue, tout droit en cele annee,
Orent il une fille, Constance l'ont nonmee,
Por l'amour de Constance qui leur fille ot gardee, 3440
Si conme avez oÿ, en la forest ramee.
Cele fu de Hongrie puis roÿne clamee,
Danois li murent guerre, dont molt fu destorbee;
De ce ne vous iert ore plus raisons racontee.
Rois Floires, qui molt ert de tres bone pensee, 3445
Et Blancheflor aussi, la roÿne loee,
Une bele abeÿe ont ou paÿs fondee,
En l'onnor de Jhesu qui fist ciel et rousee,
Por l'amour de Bertain que Diex a ramenee,
Et que de tel perill fu ainsi eschapee; 3450
De soisante nonnains l'ont ainsi estoree,
Encore est l'abeÿe la Valberte apelee.
Ci lairai dou roi Floire a la barbe mellee,
De Blancheflor, que s'ame soit de Dieu coronnee,
Si dirai de Pepin a la chiere menbree 3455
Et de Berte, cui Diex doinst bone destinee,
Qui por pere et por mere remest molt esploree.
Aprés ce qu'ele fu d'aus partie et sevree,
S'en vinrent a Paris, n'i firent demoree.

CXLIII

Rois Pepins et sa fenme au gent cors seignori 3460
Revindrent a Paris, n'i mirent lonc detri.
Forment ama li rois Simon et conjoÿ
Et Constance sa fenme, bien l'orent desservi; [c]
Isabel et Aiglente maria li rois si
Que de grant seignorie chascune revesti. 3465
La dame ert a Montmarte, qui sa dame traÿ,
Avoec li ses enfans, et Rainfroi et Heudri;
Molt seignoriement la serve les norri,
Puis furent par aus deus mainte gent malbailli
Par leur tres grant avoir dont il erent saisi, 3470
Si com porrés oïr, se l'estoire vous di.

3442-44 In his *Enfances Ogier* Adenet mentions this queen of Hungary, in vv. 65, 66, 152, 8057, 8107, and 8185.

3452 Although I associate the Forest of Maine in Adenet's time with the remnant now called the Bois de Loudon, to the west of Le Mans, I must confess that I can find no trace there of a Valberte or Valbert. In Loiret there is a Valbert; but this could have no connection.

CXLIV

Li premiers des enfans, de ce ne doutez mie,
Que Pepins ot de Berte, la blonde, l'eschevie,
Orent il une fille, sage et bien ensaignie,
Fenme Milon d'Aiglent, molt ot grant seignorie,   3475
Et fu mere Rollant qui fu sans coardie,
Ains fu preus et hardis, plains de chevalerie.
Après ot Charlemaine a la chiere hardie,
Qui puis fist seur paiens mainte grante envaÿe;
Par lui fu la loi Dieu levee et essaucie,   3480
Par lui fu mainte terre de paiens essillie,
Mainte hiaume decopé, mainte targe percie,
Maint hauberc derrompu, mainte teste trenchie;
Molt guerroia de cuer sor la gent paiennie,
Si k'encore s'en duelent cil de cele lignie.

Explicit.

VARIANTS

V. 1 douc A—2 pongnent A—3 parflori A—4 d. a cel EF, en ce BC—5 c. estoient F—6 absenti *added by another hand above* assenti G—7 por priier A, crier C—9 en merci BF; belement, ihesucrist G—10 Quar . . . ou je vi B, Qui G—12 lion A—13 Apprentic jongleour A; *BCEFG add here* Qui l'ont de lieus en lieus ca et la conqueilli (recueilli F, conquesti G)—14 si ne vi G—15 om. B; des lor CFG—16 aportai G—17 seule el grant bois a par li B—18 dure paine C, paine grosse G—19 si menee B—20 esbaubi BF; li mal entendant G— 21 esjoy A, resjoi G—22 A ce t. B, t. douz F, A cel jour G—23 A Paris ot un roi G—25 Martiaus . . . envaye A; estoutie G—26 Fourcon F, Faucon G—27 desevree et partie C; Maintes armes en furent de cors sevrees et departies F—28 mainte targe partie B, maintes targes percies F—29 Maint chastel abatu B, Maintes tours abatues, maintes targes F—30 Et puis . . . p. si fete 59 B; la p. faite et ainsi e. G—31 s. boisdie B—33 mescreandie BG—34 gens G—38 o grant B; sa cite G—39 Onc B—40 bone A; plain fu B; qui fu E; Karlemaines G—41 Trois . . . iert B; Deus ans . . . p. de grant c. F—42 abeye A—43 qui fu sanz vilonie B; Pepins A—44 Trois pies FG; et demi ot . . . plus n'ot il G—46 El A; maintes tables F; El jardignet . . . la table G—48 chevalerie BE; et *for* o G—49 lion n. d-ancesserie A—51 a derompue B; Sa kaine G—52 Pyquardie B, Picardie EF, Pikardie G—53 le vergier BG; florie G; le jardin ot maintes entes G—54 lions A; esragie BG—57 ne *for* n'i *in* A; ne delie F—58 o lui que il pas n'i oblie C—59 y ot un B, i a nul F—61 chiere marie F—62 espiel G—63 lion A; en va, soit ou B en va E—64 espiel AG; plus n'i vaut G—65 lion A—66 cop A—67 sot aviser A, sot bien aviser F—68 L'espiel jusk'a la crois . . . el c. coler G—69 li fist en c. entrer F; dusqu'en C—69 le cuer B; le roit espie F—71 y est couru B—73 commence G—75 onc *for* ains (*always in* B); crueuse . . . ainc G—77 a mal b. B, a nul mal atorner E, tourner G—78 ainsi *for* a tant *in* A; ans *om.* B—79 En iceste m. BCG; arrester AG; ci *for* plus F—80 voudrai retorner B; vaudrai G—81 m. espondre et d. B, et d. et raconter E—82 savés A—84 nus n'est en ce siecle C—85 Karlon G—86 a vis B—88 honorer F—89 conter BCG—91 c'avez BCE, ce a oi conter F—92 maintes armes F. *The* r *added above*—93 maintes tours F—94 maintes paines F—95 engendrer A; en cele B—96 tout puet pardonner G—Lonc t. EG; sel voloie aconter CEG (conter G)—98 Toute lor aventure G—99 garder B; Ceste F—100 volrent A, vaurrent G; couvint B.

101 por A—102 doit F—103 Por esgarder F—105 Primes C—107 qui molt felt a amer B; nommer *for* loer FG—108 Qu'il n'a B; dame F; deca la rouge mer G—109 Bertain G—111 celi G—114-7 *om.* B—114 v. sai deviser G—115 commenchent a errer G—116 Maintes diverses terres F—117 Hongherie vinrent G—118 Strivon B, Tergon F, Scrichon G—120 Trestoutes les paroles ne sai mie aconter A—122 molt for pot G, plot F—124 livrer G—125 Nostre F. F, Et li F. E; gentement BG—126 Tant est G—127 s'assisent AG—128 com Franchois la furent C—130 demourer E; vaurrent G—132 Chevaux A, Chevaus et palefrois E—133 ne voudrent C; Mais il n'en vaurrent . . . boucler G—134 p. amere B—135 prist congié C—136 fait elle F—137 Poulane AG; Goutere G; Qui vers Poulaine t. B—138 ressamblés A; pere *for* mere F—139 soiés A; s. pas as povres G—140 franche m. B—141 k'a A—142 *om.* B—143 Quar cil B; nu fait C; qui ne le fait E—146 en ame et en cors . . . touz jorz B—148 en cel F; ens el tiois A—150 françoise A—151 leu . . . leu D, lor . . . lor A; francois ce vos plevis B, francois dou pais F—153 pres aussi G—154 ens el B. Saint D. G—155 fu nourri a Paris B—156 mont tres p. B—157 car il l'avoit a. G—158 C'est FG; a la serve BC; maleis F, maudis G—159 apris F—160 Tiois por A—161 un A—162 qui ert C—163 de grant AEF—165 plus lonc B; nul . . . raconte G—166 dont v. B—168 le *for* la, *twice in* G—170 genols A; Fu d. B, S'ert d. G; Floure G—172 et devise F—173 de la siques B—174 tous . . . convoise G—175 k'a A; Si qu'en B; de mal faire F—177 *om.* B—179 deu D, deut BG, duelt AF, dielt E, deult C—180 Les gens ABCEFG—183 le plus a B, a plus a F—184 nostre AE; Magistre . . . maistre G—185 rien A—186 Pour ce qu'el v. B—187 Tibert A—188 savés A—191 enmerai B—193 leur A; *om.* B; mes privatés F—197 sor A—198 fisent G—199 Salloigne B, Sesille G—200 quant A; regardai G.

202 n'i *for* ne G—203 dist la royne B; rirai G—205 de dolor en morrai B—206 Cest BF—207 lermes et en plors A—208 et je le B; Moult p. G—209 no *for* n'i EF—210 errament sanz delaie B; p. et s'esmaie F—213 se traie G—214 Tous jours d. G; n'en recroie BC—215 Douce dame C—216 D'outre en outre le c. d'un G—217 soiés A; et coie C—218 Vous en irez en F. de coi mes c. s'apie F; mon cuer G—220 de plorer EF—221 soie B, de saie, F noir drap de saie G—222 au Dieu B—223 B. chei; dessus G—224 le p. G—225 Blancheflor A; le cuer G; pres que son cuer ne fent G—226 revint G—228 cuer A; le cors F—229 Montent BF; A palefroi F; le m. G—231 *om.* F—232 Ardane G—236 Forés A; Flouretes praieries C—237 la frema B—238 plus richement G—241 communement ABCE, conmunement F—242 herberga A; honourablement BF, honnerablement G; le *for* les G—244 françoise ABCEF—245 n'en *for* ne F; Mais il ne vaurrent G—246 s'en *for* se E—248 alongnement A, detriement G; lonc *for* nul B—250 Son D; devers l'av. C—251 va Pepins m. G—253 Qui de lui tenant moult tres grant c. G—254 sal. mont tres courtoisement B—258 Nous avons F—260 plus lonc B—262 encourtinee . . . moult tr. G—263 d'erbe trop C—266 Des . . . des FG; trestout BC, trestous G—269 ot chescun bon B—271 Par un si tres bel jor C—272 la bele et gente EF; Bertain G—273 Noblement B; noble dr. F; d'Ormente G—275 Deus mile B—276-7 *inverted in* F—276 g. comme la G—277 le . . . absente G—278 *om.* B; El j. G—279 ne *for* n'i F; fisent G—280 ça dis C—281—ce jour B, cel j. G—283 le s. G—284 Est el molt a aise B, ou elle assise m. F; par tans sera G—285 Margistre G—286 Par sa C; le G—287 au cuer coreciee la gente C—288 serve B; puante F; Ihesucris le c. G—289 sont ostees B, sont leveés G—290 M. s'atornent C—291 menestrés A, juglerines C—292 vaurrent G—294 C'on ap. E—295 harperes A—296 f. letrez C, fleuteres FG; si *for* molt F—300 se drace F; delaier C, detrier F; vault pl. G.

301 s'entreprendent arrier G—304 l'en mainne F; sa chambre . . . p. li bien a. G—305 revindrent B, retournerent F; vaurrent G—307 Magistre G—308 conseill A—309 mortel encombrier CF—310 s'en va G—314 son cors laissa ACEFG—315 hons nez B, nus hom CEF; hons qui autant feist G; ressongnier A—316 delés A—318 c'ons doit a B, que on fait a moillier G—319 tut AB—320 pieça A, piece et F—321 assouploiier A—322 lermoiier A; Quant l'entent B—323 qu'ele ot E—324 d'amaier F—326 renvenront dou moustier F—328 t. gens v. G—329 Et Aleste B, Aliste F—330 ferai ge ma fille mucier F—331 otriier A—332 qu'el en muire que B; J'aime m. k'ele G—333 enbracier A—334 et sa Mere en prist F; a gracizer E; et ses nons G—335 Monpellier A—338 en merchie G—340 En une chambre en entre C; l'orde sorciere F; vielle A—342 la mal mort la fiere C; fuire G—343 q. est G—345 N'est g. li . . . afiere BG; a euls C—346 Ne pl. com pres G; Ne pl. . . . resamble F; Nes C—347 es vous A—348 le b. G—349 La fille et la vielle G—350 Comment Berte pourroient trahir B, C. porront Bertain trair; trayr A—352 Et B—354 Envoiiés pour Tibert A—355 ch. et mestre et BC; cest affaire et G—356 Mandés A, Commandés k'a . . . le c'on G—357 A iceles B—358 de grant maniere G—360 Tibers A—363 trayson A; Quar G—364 om. F—365 en quel B; il for i G—366 Por B; Bertain . . . faire trair G—367 la vielle FG—368 On ACG; plus haut G—369 arés A—370 dormir ABCEFG—372 com pour vous la G—374 le cler sanc ABCEFG; issir BEF; c. com li G—375 crieriés haro E; Lors B—376 entenrai E; ferir G—377 laissiés A; me for m'en G—380 a l'aserir BCG—381 por beneyr A; Se vont evesque, abbé B—381 hors B; toutes gens F; toute la gent issir G—383 belement per loisir G—384 n'i puist G—385 fournir A; Ou F—387 le p. B—388 vielle aise G—389 la ch. s'en entre Bertain G—390 Dame, ore est G—391 que ne porroie dire F; escrire G—392 Jhesucris G—393 cui Diex envoit martire C; envoit tel F; le fait . . . l'en doint G—394 Et C; Et Tybers et sa fille par yaus ent moult grant ire G—397 Et que jouste le roi se couchast sans mot dire G—399 dou desdire G—400 iret contredite F; plaise G.

401 a lire E; en seant en son lit prent G—402 moult savoit bien G—403 sa volenté is wanting in C—404 male s. F—406 g. grant b. F—407 fu ap. B—408 malice et pain [sic] de mavaisté F; mauvaisté G—410 traitour A—411 il cf F—412 si se commanda a Dé B—413 est entree B; volentiers et de gré F; de son gré G—415 ou lit AG; qui jut B—416 demoré F—418 En sa senestre cuisse B—420 s. le c. . . . presente EF—421 reçut F; n'i a mal G—424 fait ele AEF; mal v. v. BG—425 on om. D.; ABCEFG corr.—426 s'escria G—429 fait G—430 resgardé G—432 Sa fille seroit arsse par nus n'iert trestorné B—433 pour A—434 aiez A; le . . . jamais ne l'amere G; je n'an iert trestorné F—435 jour A; Sentier [sic] rois deboinaires ja n'en aiiés pité G—437 le boute FG, la b. EG; a gré BF; l'en sot boin G—438 Quar encor F—439 œil troublé A; li ont B—440 Tybers . . . dahé A; Tibers l'a tost saisie, qui Diex doinst m. G; qui Diex dont B—441 son m., deschiré G—442 Aide A; Diex om. F—443 c'ont A—444 av. alé BG; du pont aval passé C—445 loien A—446 pl. demoré FG—447 fource C; la b. outre son g. G; ouvrirent ABCEFG corr.; ov. a force F—448 En C; enfreiné BCE—450 el h. G—451 pour A—452 lour A; Les m. loiiés par F; ce fu grans malvaisté—

454 Or la sequeure Diex B; maisté EF—456 Qu'il li orent la c. entour le col n. G—457 Au travers sus un lit B—458 la pullente v. . . . acoucee G—459 en recelee E—460 criez . . . honnoree A; dist ele G—461 tost ja F—463 B. set . . . et qu'il l'ont enganee B; Bien v. qu'elle est FG; sans point de demouree G—464 et de destreste est B—466 Tybert A—468 Moult se faisoit dolente G—469 as pies G—470 pour Dieu merci G—471 saviés A—472 diriez n'ai B, diriez que n'ai corpes F—473 Taisiez A—traison A—475 Bertain BG; vouliz A—476 ja ne F; destornee E—477 aiez A; n'en aiez F—478 traison A; porpellee F—479 fenme A; il n'a pl. BC; mer salee EF—480 clamee G—482 un d. me donnés G—486 par la f. B; que je vos ai j. F—487 si tenue F—488 ne la sache ne fame qui soit nee B; ne la s. C—489 Pour A—490 estoit for faisiés C; faisiez A—491 prenez trois serjans A; varlés F; jornee B; ahi for droit a G—492 tost kerkie et G—493 errant m. G—494 ou el soit B—495 ne chaut C—496 dist li roys F—498 en une eaue B, en eve EF—500 li a tantost sa requeste otroiie G.

501 la vielle F—502 est for s'est G—503 par lui C—505 et molt iert B, molt estoit E, par est F—507 piez A; plus arrester C; se lieve . . . plus n'i volt G—508 se hastoit B, le h. E, se hastoiens F—509 serjans A—510 vaut F—511 lor A; Margistre . . . lauor G—513 atorner A—514 je ferai F; tout ausi G—515 ferez A; si ferez ce que m'orrez B; v. deviser E; vaudrai C—517 il vous G—518 plus demorer A—519 souspirer A; prent a BCEFG—520 d. suer G—521 enprent A, reprent G—522 recouchiez . . . povez A—523 sonner om. C; un jor parler F—524 le for la G—525 ou for et ACEF; estranler G—526 se pour s'en G; le G—527 prist F—528 souspirer A; com s'elle e. d. si prent a souzpirer G; s'eust for eust, forment for prent molt B; come eust . . . pr. fort a C; prist m. a F—529 prent ACEFG; li rois courtois sel prent a conforter G; li rois courtois B—530 laissiez A; cel d. FG—531 om. B—532 oc. et C—535 me fist BF, m'a fait E—536 alez A—537 amuser F—538 Pour A; d'espace pour E—539 Tybers A—540 lor . . . sor . . . ronchi AG; monter GBC—541 serjant A—542 Tybers A; Berte BC—543 de cel gr. B; le puisse del. F; Et . . . cest . . . le v. G—Tybert A—545 raporte A, aporte B, aport BFG; en for lor; doit G—546 a pris FG; Margiste for la vielle B—548 que ne puisse B, que ne porra E; aler G—549 ne for d'el G—550 besoigne de ce n'estuet B; De faire G—552 luisant . . . cler G—553 Berte F, Certain sic G. The laisse begins with this line in G—555 l'ont acouvetee G—556 sire om. G; Sire q. e. vrais sauvere G; qu'estes souverain B; el qui es souverain C—557 le comp. G—558 trouvee lasse gent et amere G—559 el m. k'a . . . sapere G; ou munde mesaise F; qu'a la moi c. B—560 ja ne G—561 Ne mon pere roy Floire BCEFG; ne ma suer G; s. ne ma mere F—562 sauvere FG—565 l'en for on BC, l'en maine EG—566 les for lor F; desclairier B, anoncier C, point noisier G; De toutes 1. G—568 Tybers A; osoit G—570 om. G; a for n'a B, a bouire ou a F, donnoiest a boire n'a m. E—571 son br. ACEF; tenoit il G—572 ce qu'il BG; le v. plus forment emm. G—573 qu'el n'o. BG; crier G—574 De Lui C; esmaier F—575 la b. BG; ens en G—576 om. BF; li felons p. G—577 le F, G; l'aisclairier A, l'esclairier BCEFG—579 n'i v. BCE: arrester G—580 grant et haut G—581 C'est G; ce oi C, s'ai oi F; tesmoignier A—584

n'avons pas grant m. B; plus *for* nul G—
5s5 Et cis B; octroiierent G; otroier A—587
Li uns ot B; qui moult fist C—589 descent
BE—590 nel porent manier ABEFG, ne
porent aprouchier C—591 Tybers A; Que B;
ne sousiroit G; lui atouchier BFG, li atou-
chier C—592 desus G; sa r. ACEF; li fisent
desp. F—594 le v. G; lermoier A—595 l'espee
CG; Tybers A—596 Tybers . . . traiez A;
traiier F—597 coup A—598 voit EG; si pr.
G; souploier A—599 as d. FG; sor la t.
ABCEFG—600 durement G.

601 ne puet nus an. G—602 La corde de sa
b. . . . ne li laissoit G; li laisse F—603 Tybert
A—604 celui seignor G; ce saint apostole B;
ce s. s. C—607 jour A; fut molt oscur et de
B; Ce j. C; froit *for* lait F—608 deseur A—
609 que desus lui ne B; ot de G; Tybert A—
613 Tybers A—614 Que en traions le cuer
puis B—615 Margistre—616 Tybert A—617
tu chi li fais mal G—618 pas *for* mie B;
garderoit G—619 tousjours A; fust a t. G—
620 Tybers li lerres A—621 Q. a B—622 fourbi
A—623 serjant A; fians *om.* C—625 l'espee
G—626 Ensi com li d. tinrent G; Entrant q.
B; Tybert le renoié A—628 ne li a pas BF—
629 fuiez G; plus delaié B—630 conduie ...
par sa sainte pitié G; par la seue B, par sa
douce pitié CF—632 le chief avoir BFG—633
gracii D—634 Tybert A—635 Tybers A; le
cuer ot molt irié B—636 Tybers, mal avez
A—637 Trestouz . . . serez A; Touz trois A;
serai G—638 pluet B—639 delez A—640 ser-
jant A—641 Diex ait CG—642 feimes touit
C—643 pour A; Quant . . . chose B; cest *for*
tel F—644 gentill A—645 en sa part EF;
Jhesucris 1. conduie et le traie G—646 lie-
part ABC, lieupart F—647 l'aront ainz que
soit gueres tart B; mie tart F—648 et musart
F—649 cors G—650 A cel m. . . . sour son
liart G—651 repose B, reposte C—652 par
ses B; le c. G—654 si i repaireons C, moult
bien le reprendrons G—655 serjant . . . ar-
restoisons A; s'en retournent B—656 savez
A—657 de un p. prenons F—658 A Margiste
et ma dame B; li pr. G—659 En E; bien
vos C; acuserons B—660 savez . . . tuit A;
tuit que F—661 d'icelui G—662 Tybert . . .
m'ait A; par le cors St. F—663 otriies . . .
ocirons A; S'ainssi ne B; Se vous ne l'ociez
C—664 Tybers A; cha dit G—665 meilluor
A—667 encusez B, encusé EFG—668 tels en
f. G—669 i. maniere CF—670 fisent com nous
ci d. G; fisent que ici F; com nous vous B.
B—672 les *for* lor BF—673 Tybers A; apor-
tons F—674 vez A; Le cuer et vez le ci B,
Le c. veeiz le ci F—675 pour A; *om.* F—
677 *om.* B; cilz mons F—678 serjant A; n'i
est B—679 s'en vont B, vinrent G—680 Tybers
A; remanus B, remanus EG, remensus F—
682 Tybert A—683 Tybers A; est venuz B—
684 noz B—685 Tybert . . . loez A—686 avez
. . . soiez A—687 la vielle ACEF, la fausse G
—688 *om.* B; Tybers A—689 Ains A; n'oy
mes parler BC; *om.* F—691 pour A; Jhesu-
cris G—693 eut . . . les bourgois r. G—694
n. vestus G—695 qu'en A—696 Roy Floure
. . . font par G; Blancheflour A; font *om.* in
C; par *om.* in F—699 ou b. A; qui iert el
bois ramuz BG (est G); qui est r. EF—700
Ou a m. B, Ou ert a grant m. G, Est molt
a g. F; iert son cors esperduz B; est *for* ert
G.

701 et les seues v. B—702 tousjours A—
703 ou l'ot laissie AGB; Tybers A—704 ten-
rement pl. G—705 Les leus oy B, Cez leus o. C—
706 esclistre G, Il espartoit f. et durement B—
707 Et plut B; et *om.* F—708 C'iert B—710
voir B; Diex sire G—711 De la virge naquistes
BCG—712 requirent A—713 qui les r. AEF,

qu'il les BCG—714 Melchion BCF—715 Et li
autres Jaspar q. G—717 vous empreistes B, les
presistes F—718 voirs A; Sire *for* Diex E; Sire,
si vraiement que menconge n'i a G—719 gardés
G—721 parmi le b. BE—722 lez A, vers G—
724 qui le gardent G, gardent B, gardoit F—
725 m. iet grant d. C; d. crual G—726 molt
eus cuer d. F, cuer avez B. B—727 tr. mortal
FG—728 L. que j'arai hui . . . journal G; ore
soufert C—729 de lignié C, del lignié E—730
m'avoit a BG—732 ferme A; *om.* in F—733 Ce
j. BCF—734 ne dras ABCE, ne c. ne dr. F—
736-7 *inverted in* G—736 est *for* ert F; cil qui
en F; k'en mer avale G—738 siques en B,
d'ilueques dusk'en G. G—739 iert un poi plus
pale B, est un F; si *for* s'en G—740 sachiez
A; talent n'a C—741 poi pesans A; t. est s.
F; petit pesans F—742 treuve A; *a modern
hand has added* de valle *after pendant in* C *to
fill a lacuna*—743 Volontiers A; est CEFG—
744 Vers le b. B—745 n'estoit pas merveille B,
n'est mie m. G, n'ert pas g. m. C, pas de m.
F—746 Que G; sot B—750 genous A; sour t.
G—751 sour G—752 par humbleté B—753 mont
granz souspirs BF, un grant F—754 Blanche-
flour A; mout souvent regretoit B—755 saviez
A; A! dame B; se *om.* in C; s'or s. G—756 je
sus F; V. creveroit G—757 L. a jointes s. m.
G—759 jour A; cest j. G—761 livrez A—762
doloit BG, cors li f. F—763 Et ses beles mains
B; desrompoit G—765 qui iert B; et droite G
—766 durement BEG—767 hors BG; tres for-
ment convoite G—768 Car C; molt malement
e. B, est encombreuse et C, est sachiés moult
tres e. G—769 pour A—770 Hai G; ele mau-
vaise reveoite C, m. reveoite G—771 Pourquoi
A; en si honteuse quoite B, ess. maleoite G—
773 m'i aront B; aient recueilloite EF—774
om. in C; je sui en grant esploite G—775 soiez
A—776 m. coite G—777 mont des. B—778
secorez A; Et quor G—779 a cler F—780 m.
iert B—782 esbaubis BF; cel m. G—783 avoit
F—Sassoigne A, Saissoigne G; est q. G; Fille
B; qui estoit q. C—786 de grant l. BG—787
Des r. B—788 Souz . . . poi A, Sour F—789
flours A; est G—790 verrai jamais CFG—
791 E mi B, Tres lasse F; A. fait elle, lasse!
come m. cuers G—792 espoentez B; Dolens . . .
courrouciez A—793 esgarez, essiliez A; ess. et
despis G—794 je cuide C; en si haut p. B—
795 Quant fui Pepin B; rois *om.* in F—796 a
Paris A; chit G—797 Mes or B, Mes je sui F;
com il m'est avis B—798 tousjours A; Que mon
afere va t. B—799 braz A—800 end. A.

802 estoit gr. A; d'un mantel G—803 ou
reaume de Frise C—804 sembloit G; gentil A
—807 sus AG; s'est F, ert C; la nege qui est
sus G—808 seur A, lez B; Que *om.* in G; pierre
A—809 la parole C; pasmisons . . . reprise G
—811 c'ore C; Ha! Diex, c'or ne le set li rois
Floure mesire G—812 j'aie C—813 K'en . . .
sui et s. et si prise G—814 Je croi . . . fuisse
G—815 Et querre C, Quar querre G; Pise G;
jusques en Frise F—816 conment ne parquoi
n'en B, parquoi conment ne en q. C, conmant
ne q. F, pour quoi G—817 *om.* F; a vous C;
enquise B—819 pour A—820 Deffende F—822
enz . . . ou A; sour EF; fol C—823 Miclo B,
Muclo C, Monclo G—824 p. se il C; ne *for* n'i
E—825 avo ABCE—826 *om.* G; Vueilliez . . .
quanque A—827 m'avo BG—829 el pié un grant
tro G—830 d'un clo G—831 E mi B. Hai G—
832 pour A; cest b. BEF; que ce C—833 me
viegne BG—834 Et p. G, Pour ce que j'ai grant
f. B; Pour A—835 m. que je aie F—837 pou
A; avez . . . assez A; j'en ai assez po C—838
sur A—839 jusques Dynoe A; si bele d. B; a
la D. G, en la D. E—840 chipoe A; sanz
bobanz sanz B, sanz orguel et chipoe C—841
siege ABFG; eut G—842 b. sa main desus sa

joe B, qui fu de plorer r. G—843 qui encloe G —845 le r. G; ent. soi B—846 color . . . semblance A, mie pas de semblant C, en semblance B; de poe G—847 Quar ele iert B; c'on noe B—848 Merlee G—849 parmi A; la destre BG; roinsselos l'ataint G—851 floibe et floe B, flebe et floe E—852 om. B; mere loe C; Quoi k'elle ait G—853 Bassetement parole que riens parler n. B—855 Har E; conme me fez, conme FG; cuers, fait la dame G—857 si grant h. F—858 Ne sui p. s. a aise G—859 com pyçon B, com pincon C—860 en la B; saisie sa proe G—862 lyons A—863 que dou t. s. je v. G—864 Vueilliez A, Veulle B—865 desnoe F, desloe G—866 om. F; av. li en paradis A, av. soi B—868 cuivert A—869 pl. si qui s. F; grant travail a s. G—870 Grant paour G—871 en grasce G; car leimant F—873 que ne BF, qu'or G; que sui en cest desert G—874 Et que B. G—875 flobert G—876 Tybert A; charja Margiste et B, charga CEF—878 trahisons G; traison voiant tous EF—879 tout a F—880 cuidai que ici fust ja pris B, cuidai que fussent ici C; fussent fait E—882 nuls si est m. orrible G—883 De chiere G—884 en for s'en FG—885 toute en la pl. deserte AC; est . . . toute C—886 ot que G—888 douz . . . s'est A; terse C—890 om. G—891 Pour A; sousfrirent t. d. G—892 leur A—893 j'ai froit ABCFG—894 si com BG; fine vraie et F—895 gardez . . . cuiverte A; q. je ne s. F; p. de b. C—896 en cel b. E; ne retournee a perte G—897 escoutez pour A—898 orrez A; bonne estoire F —899 oir A; le d. G—900 poi ainssi com ge le cuit B; peu G.

901 ici A—902 en fai G; oi m. B—903 dont ces vers sont estruit B; vers tout G—904 jours A —905 ou AGE; gaut E—906 om B; fait om. F; frait et destruit G—907 avoit ou .ij. ou trois ou .viij. F—908 at A; si gr. G—909 condu F—910 n'i eut G—911 no buef cuit C—912 poi A, peu G; quar le chief avoit v. B—913 sachiez A —915 Sarrasin A; Par cui B—916 Quant ce v. F; que el bois BCG—919 souduite A, sourdite B—920 soulas . . . quite A; joie m'a C—921 Dedenz A—922 muchote A; est de bestes estruite B—927 om. F; come j'ai fet la t. B—929 remaurrai G—932 linçueil A—933 serjant A—934 om. F—936 de lorier B—937 Que . . . cluingnier A; baissier; Quar iluec B, Que CEF —938 li peres droiturier A; se cil Dieu B; ne pense F—939 doulereus encombrier C, dolereus destorbier G—941 blanchoier A—942 saut avant B—943 fourmiier A, fremier G—945 gente for bele ABCEFG; chiex le v. G; le keurt G—946 l'autre si li crie B—948 Ch'est drois s. que v. le f. G—949 parliiez A; Se vous en parlés plus v. 1. comparrés ch. G—950 Chiex G—951 lancier B; ou c. AG—952 coup A; l'espee G; Et cil li va de s'espee .i. si grant col paiier F; li va BE—953 Embedui B; en l'h. ABCEG—955 pour plus tost B; a se courcier B—956 par .i. B—957 ou b. A; v. fichier BG—958 Sous une espine espesse B. En .i. buisson espes C, une drue haie G—959 om. C; dont for tant G; que noir fist B, que for qu'il E—960 lermoier A; Durement en son cuer a pris a l. C; si prent E—961 serez A—962 jours A—964 Don je aurai bien F; ai jou . . . plus G—965 De .ij. choses B; covient apoier C—966 froit ou de fain A—967 om. B; doive G—968 C'est moult p. penture G; Ce est p. pasture B, C'est p. partison C—969 vuielliez . . . douz A; k'or . . . chier f. G—970 voeille A; a cest BCEFG—971 v. que EF—972 genous A—973 vueilliez A; herbergier BCEFG—974 delaier C; vaut G—975 Sour G—977 le g. G—978 delez un B, decoste C—979 Ens. .i. p. GF; d'un val de jouste une r. B; decoste une r. C; bruiere F—980 son chief sor C, sor son F—982 la benoite et c. C, la douce virge c. B—983 qui est F—984 feuchiere A, feukiere G, fougiere B—985 Et si en ot c. G; son chief B, sonviers et AF—986 povoit A—987 est tr. G; Que CEF; la biere E—988 laissi D—989 joule et t. G—990 bele m. G—993 Tybert A; est AG—995 el bois est G; qui n'est G—997 au preuz c. B; Glansur A—998 Qui portoit l'escu B.

1001 om. BF; gent sarrazine . . . fort et dur G—1002 Delfur A; en Phur B—1003 ne de tel mesure G—1004 bonheur A; li envoit CF, l'en envoit G—1005 de boin et G; et de seur C—1006 si ferm et B—1007 lez A, delez un petit BCF—1008 Con ne . . . mie G; d'un son de t. E; C has replaced this line by: A paine l'esveillast qui li criast bien dur Non qui li tabourast granz coux sus .i. tabur 1009 desus AG—1011 atrempeure B, atempreure C—1012 assez A—1013 tendre et joene B; est joule et t. G—1015 creance enterine B; et cert. G—1018 Com pl. l. est G, est F; sure BCE—1020 s'oscure B; poi A—1021 Apres leva la lune B; Et la l. ert C—1023 l. a plouvoir BG, le plouvoir ACEF; si chei G, s'amene F—1024 il a v. G—1026 ele a c. G—1027 sen. a pris a F—1028 jours A; que fesoit cler C—1029 Hai A—1031 Quar ge ai si grant f. B, Que j. A—1032 conmenche la d. G—1033 conmenche a r. G—1034 souliez A; solez C—1035 biau tres douz A, mon tres cher p. B, v. biau sire p. E—1036 verrez A; James moi n v. B—1037 genous . . . va A; acliner C; as keutes va G—1038 qui te BG; pener C—1039 Enz . . . pour . . . peuple A; pule G; pour vo p. B, por le p. C—1040 honnorer A; Mont B; Dont devons bien F—1042 povez A; C. v. poés moult bien, Sire, g. G—1043 Ces F—1044 Qu'en votre paradis C; le faites E—1045 douz sire B—1046 pour A; mon cors por Dieu G—1047 vueilliez A; douz sire B; ge cert G—1048 pour . . . vouer A; vueil ici endroit por vostre amor v. C—1049 tousjours A—1051 ne a C; fille soie G—1053 d'uis en huis ains aumosnes G—1054 en om. G; par .i. poi B—1055 pour A—1056 et v. G; honnir et EF—1057 om. B—1058 recouvrier A—1060 assenser G; pour droitement assener F; assenser G—1062 se muche G, se muce BC, se remuce F; tans passer BCEF—1063 a grant neskeauche e. G—1064 la journee . . . de forte matere G; fr. manere F—1065 r. et gouv. G; Ha sire Dex f.e. verai roy g. C; vrais vrais gouverniere F—1066 soiez A. After this verse, the order of the verses in F is 1069, 1067, 1071, 1070, 1072—1067 qu'est pessee B; moult trouvé am. G—1068 om. F; s. n'avés e. G—1068-9 inverted in G—1070 t.couvient que B—1071 k'enquor soit amere G—1072 jour A; du jor G—1073 Se d. G; vist clere F—1074 Mans, des qu'il B, lues qu'il G—1075 piez A—1076 om. GB; maiste EF—1077 treuve A—1078 Apres eut G, A. a F; fr. que si fort a tr. G—1079 escanpé G—1080 roine A; p. senteret la royne a t. F; r. rouvé E—1081 s'embat si com il plot a Dé B—1082 poursivi A; Si l'a tant porsui et tant a cheminé B—1084 de vielle F—1085 s'a a l'uisset E, al. a l'u. a H. G—1086 Dou E; l'uis martelé C—1089 vit E—1090 pour A—1091 p. reschaufé E; Que m. c. seulement soit u. peu e. G—1093 Quant l'ermite la voit le cuer F; le v. G—1094 esbahie A, esbahi B—1095 avouen A—1096 soufrez qu'anemis A—1097 dame BF; p. cel b. G—1098 tant B. B; ne vi mais G—1099 Li ennemis F; encante G—1100 povoir A; en trestout mon ae F.

1101 fist A; son pis E; fait c. si li F, fait c. E—1105 une povre f. sui plainne de lassete F—1106 dont vous C—1108 Femme G—

1109 n'en y. n'en B, en y. n'en C—1111 est
or̆d̆ene E—1112 quant ainssi B—1114 p.
aporte G—1115 l'ot pas BCG; N. est G—
1116 D. li sache g. G—1117 Mes tant f. t. que
point n'en B—1120 Nen s'en B; ploure G—
1121 en ot g. B—1122 enz menee B—1124
Qu'il se doutoit par ce n'eust B, Qu'il re-
doudoit moult n'e. veu passe C—1125 soiez
A—1127 voulez . . . serez A, me volies, vous
series a. G, Se vous me voleiz croire F—1128
A la m. AG; tornee F, atournee G—1129 A
C. BF—1132 Onc B; gent G—1133 Certes
. . . sui si tr. G—1134 Que je G—1135 soiez
A—1136 cest s. B, ce s. C; Entrez . . . issiez
pour A—1139 S'encor A— 1140 Ennuit BF,
Qu'anuit C—1141 honneree A; Jamais ne
mangerai p. G—1142 porroit garir nulle riens
qui soit nee G—1143 Q. l'entent li ermites sa
p. G—1144 le met AG—1145 pitié qu'il ot G—
1147 sa sentelete C; s. alee BFG—1149 li en
F—1150 Berte l'apercut B—1151 aide A; qui
feis mer B; fist ciel et rousee F; fis G—1152
vie alee B—1153 qu'ele a B—1154 l'ourse
l'eschiva autre B, l'ourse s'en passe outre
autre EG; est alee F—1155 et estranlee G—
1156 le garanti G; honnoree A; et la virge
BG—1157 lor plait F; la fin B; que ensi G—
1158 tant fu B, si se fu oubliee G—1159 A
p. F; petit k'elle n'est mauvaiseement alee G
—1160 aide A—1161 om. F; rasseuree AEF;
ce qu'el ne . . . l'ourse i a m. C—1162 om. F
—1164 li fains G; fains . . . adoulee A—1165
om. G; veritez A; Et se C—1168 voiers A;
A cel EFG—1169 c. le choisi G, c. la choisie
s'a sa C, com la v. AE—1170 povoit A; est
si G; pour ce qu'iert si B, de ce qu'elle F—
1171 Quant voit BF; est af. G—1172 est en
. . . baconnee G—1173 l'avoit C; el b.
1174 Bertain G—1175 se merveilla qui l'ot l'a
amendee B, se merveilla qui BCF—1176 povoit
A—1177 est for s'est G—1178 vint B—1181
moustrez A; si ne vous F—1182 Symon A;
le maison G—1185 sui vilment C; c'est b. G—
1186 Symons A; si fierement G, si gentement
C; oy B—1187 gentil A—1188 l'eaue B, l'eve
CEF; sour sa f. G; la face EF—1190 je v.d.
GF—1191 sui nee BC; n. ce sachiez vraiement
E—1193 appele G; Fille d'un v. c'on C—1195
essilie A; sommes es. G; es. nous et nostre
B—1196 pays A; quier mon C; Par estranges
pays querons ch. G—1197 Jhesucris le cr. G;
avoie le cors Dieu la c. B—1199 molt dolereuse-
ment ABCEFG, doleusement D corr.—1200
Je ne B.

1201 jour A—1202 et grief t. B—1204 as-
sentement G; povoie A—1205 chiez Symon le
voier trop A—1206 b. et richement B—1208
hom d. pour A; k'or le m'ap. G—1209 ferez
A—1211 sachiez A—1212 vers Dieu ses mains
—1213 om. B; ains pleure tenrement G—1214
le pas tout b. G—1215 au c. G—1216 om. B—
1217 Regardez B; Dame esgardez fet il B;
Esgardeiz s. F—1218 en cel bois moult G—
1220 penses A—1221 ou b. A; E. j. en cel b.
G, en ce b. C; A nuit BC—1222 m'en m. G;
Dont B; f. m'esmerveil EF—1223 seulement
G—1224 et si a fain forment B; et s'a froit
duremant F—1225 soiez A—1226 v. ai je en
c. F; S. jou le ferai par tout mon sauvement
G—1227 l'a saisie G, m. saisi B. B—1228 du
froit et BC—1230 delez A; En la c. C; feu
seiant F—1231 sachiez A—1232 Le fr. G—
1235 En B—1236 la moult li at. G—1237 om.
G—1239 s'en gamente B, s'en demente G—
1241 et gentes et de viele j. G—1242 et belle
et bone et g. FG; est de m. G—1245 b. sous-
fert tele tourmente G—1246 eus A—1247 ne
puet m. t. est et fleche et l. F—1249 pour
venir droit ci me BG—1251 Enz A; el b. es-
toit mis ou il pluet et il v. G—1252 delez A—

1253 v. plourant B. G—1255 douz A—1256
aisirer m.c. sa main F—1257-8 inverted in G
—1257 feu n'ot pas le c. B—1258 tapis blanc
F—1259 touailles A; esc. bouterent G—1260
croi que ele ait f. B—1261 g'i mengerai C; St
Evain F—1262 ce li dist B; miex le chaufer
aim B, m. escauffer ain G—1263 sachiez A;
tres ier G—1265 tant iert li mien c. B—1266
premier jour de semaine G—1267 de Maine
F—1268 travail A—1270 ce lundi B; donnee
b. G—1271 ce qu'ele estoit de B, est de G—
1272 desvoie A; D. bien desvoiié a boine v.
amaine G—1273 sa gente F—1275 chascune
se demainne C; b. aaisier ch. bien s. G—1276
que n'estoit b. FG—1278 chiez S. en A, enz
grant b. F—1279 et ces filles F—1281 m. plau
F—1282 menjue A; .i. petit a mengie B; res-
passee fu G—1284 venez A; cest gaut CF;
ven. si seulete G—1285 afaire a D, afaire li
a A corr.; tost li a r. G—1286 Tout aussi B,
Tout ainsi con E, Ausi comme a S. G; li a
tout cogneu G—1288 Mar CF; tant v. B—
1289 pour . . . avez A—1290 Sachiez . . . avez
A; cons. eu CG—1292 c. que a moi querre C;
Je quit G—1294 escusoison C—1295 Onques
C; que pot B—1296 delez A; Ce CF—1297
Et a son plaisir a et AG—1299 avez . . . soiez
A; av. vos non CE—1300 je ai non CF.

1302 Aussi B—1304 bele veue F—1306 dou
non F—1307 avez A; Berte ce d. G—1308 Que
. . . ACEF; Com B; el bois este BCE—1309
toute sui FG—1310 A nuit C; el b. G—1312
robe depecie B, cote G—1313 deseur A; la char
G—1315 avez A—1317 sui si matin G—1318
om. G—1321 miex qu'el leur eust B, miex
asses k'elle en eust G; assez A—1322 fet S.
B—1324 Que AEF, Quar B; a eu ennuit
BEG; povre delit G—1327 qui hier s. G—1329
eust nul respit EF—1330 oit A—1332 Tybert
A; le mescreant faillit F; le mel glouton f.
G—1333 Margistre G; trait A—1334 peres a
cuer F; mon pere li rois au cors h. G—1335
Blancheflour A; mere cui Damedieu ait B—
1336 ceste av. G—1337 s'il le G; leur ours
ratenrit G, c. alennit B—1338 Et moult de
leur r . . . en seroient marit G—1339 cuer li a
bosmit B; ot esbaudit C, ot esbaubit F, eut
abomit G—1340 soiez A—1341 et ferue et B;
maudite G—1342 Sachiez A; S. qu'ele en a B
—1343 encore B; encor che s. sa m. G—1344
l'amor A; m. despite G—1345 ce ester F;
Laissiez A—1346 dedenz . . . serez A—1348
serez A; Ne B; q. demandres G—1351 Ane
sic dou B, Qui dou C—1352 jour A; vostre et
la seue en ceste jour b. B, seue au jour d'ui
b. G—1353 m. viel s. G; f. avoit m. B—1355
m. ot le B—1356 Dieu qui F—1357 le m. ens
ou ch. G—1358 cuer et de fin A—1359 Et
leur f. B—1360 L'une si li ap. G—1361 li
aporte d. f. eaue en son B, li autre li tempre
d. froide a. G; eve en son C, eve son EF—
1363 se p. BF; a soir et a B, a soir et au F—
1364 Et fille au roi hongrois qui est outre le
Rin G; nu sevent C—1365 En G—1366 piez
. . . desouz A—1367 set ore que cou soit la
royne F—1368 on l'eust G—1369 acline
ABFG; lui e. C—1373 ele est a. G—1374
soufrir medecine B—1376 est pl. G—1380 que
bien CF—1381 Delez A; fu Berte B—1381
si vous plaist F; que je vous aprendrai C;
jou aprise ai G—1388 meillour . . . jusk'a A;
o. du Mans j. B—1389 ja nel v. G—1390 ne
for n'en BEFG—1391 li monsterrai B; vois
errant se li dirai G—1393 n'i fist BE; mist
autre delai F—1394 S. Nicolai A; doi au
cors s. F—1395 que onques C—1396 Sachiez
A; va avec li CEFG—1397 ne for n'i G—
1398 Taisiez A; f. o moi BFG; le r. G—1399
om. B—1400 le m. G.

1403 de vrai ABCEFG; Adont sourrist B—

1404 en *om. in* E; en merchierai G—1405
Quant tele G, Q. itele B—1406 Onques CF—
1407 que n'est BG—1408 ne delaie F—1409
Entre li et Aiglente qui E—1410 ouvrant
d'oevre B; o. tres fine o. de G—1411m. petites
A; m. tres petit G—1412 la voit CF; l.
rapaie G—1414 vo plesir n'ai vouloir k'en
recroie B; sachies cest cose vraie G—1415
metez A—1416 jeu G—1417 Jhesucris G—
1418 Moult b. . . . quelque p. G; j'aie G, q.
je aie F—1419 Dame a vous F—1420 Dame D.
. . . rende q. G—1423 ore p. ici C, p. droit
chi G—1424 en sera BCG—1426 k'ele trouva
ami G; Symon A—1427 nul s. sus li G, s.
ami F; nul s. A—1429 que de p. B; Ne
mangoit fors que p. et eve F; d'yaue A—1430
au venredi FG; tousdis B, tousjours A—1431
onnour A; de celui G—1433 nu met C, nel
met BEFG; Pour A—1434 s'ame qu'ait a la
fin C; a la fin BE—1435 Floure G—1436 l'a
A, le G—1437 ariez A; Hay m. G; com aurier
B, com iert vo cuer C—1438 saviez A; servi
G; Se saviez conment BCF—1439 m'aviez
B, m'avez A—1440 Mais or G, Mes B—1441
li souverains rois E; en cui BCEFG; me fi
G—1442 Qui soit CFG; cuer le pri F; si com
d. G—1443 roy A—1444 beneie A—1447 bone
g. A; tr. boine v. G—1448 annee A; eust este
G; mainz an. C; et demie F—1449 manandie
A; si aamee B, si avanchie G, *om.* B—
1450 la maisnie G—1451 Et li e. G—1454
honnor, doucour A; du cors et *sic* C—1458
Berte si se fu departie B—1459 m. et partie
F—1460 autre orent ou bois laissie E—1462
doutez A—1463 Bertain G—1466 Gaigna cil B
—1467 Hainfrois G; Li uns ot non BCF—
1468 H. plains fu de grant envie F—1471 m.
trahisons G; pourtraite et pourchacie A—
1472 orrez A; v. l'orres G; si est F—1473
France si la terre h. F—1475 ot ele F—1476
tolnieus A—1477 estoit mout affloibie F—1480
Depuis A, Des lors G; la vielle G; assez A—
1481 nettoie G—1482 a la foie BCEF, a le
f. G; on alieve itel ch. G—1483 Se l'en l'avoit
C, Se on l.; n'en desferoit FG, nen nel d. B—
1484 abeie A; el p. priorte G—1485 la vielle
F; Ou la s. G—1486 li escondie B; Qu'il n. G
—1487 Tant redoutent forment s. E, Par
grant force douterent G—1488 Quar . . . s.
d'outrage G—1489 joians et baude G—1490-1
inverted in B—1490 Tout le premier enfant
q. G, Le premier enfes qu'ot en la serve li r.
B—1491 que nonmez fu R. B; avez A—1492 ot
a non EF; et renois BCE; f. ambedois—1493
message F—1494 erent et F; Floure . . . est
G—1495 qui les crins avoit B—1496 As mes-
sages F, Les messages B; d. avoirs et p. G—
1497 grans richeces ABCG, grant richeces E;
Deniers et g. . . . orent a l. quois G—1500
S'or . . . Floure . . . el bois G.

1501 Estoit n'en G—1503 Mourrurent A—
1505 D. fu li r. Floure G—1506 des Saisonnois
G—1508 B. chastiaus G—1510 sire fu B; de
lor bois F—1511 n'aima A; A. fu Guitekins
c'onques G—1512 Cis E, Se F; grans b. G—
1513 Orlenois A—1514 Bourgoigne et Flamens
A; Flamens et Thiois G—1515 Coloigne A;
la i fist A, la fist il G; grans effrois G—1516
C'onc n'i fu mis d. B, K'ains mis n'i fu d.
F, que nus n'i mist G—1517 puis refu con-
quise CG—1518 Heruppois B, Herupois C;
Et au requerre f. G—1519 li aucage F; L.
Breton et Ardenois B; Flemenc A; Flamenc
et Limosin Breton et Ard. G—1522 car dure-
ment li GBF; Floure G—1524 t. d'Aquoise G
—1526 Jhesucris le c. G—1528 tout de voir
. . . leur b. G; Qui mont par sont dolent que
la B; v. si la s. A; tout a plain une la C;
v. que la serve est les boise F—1529 Et a
force F; bien F—1530 buscherie A; Nis a la

b. G—1531 parolt A—1532 pour A; se coise C
—1533 Mormant F—1534 que mortelment B;
hair A—1535 asseir A; Desus G—1536 en
parol F; sachiez A; q. on en p. G—1537
Tybers A; A serj. G—1539 quant s'en B;
puvoit A; tous l. G—1540 cheir A—1542 ens
l. . . . fesist G—1543 maleir A—1544 du tres-
tout C—1545 En la serve . . . son cuer et
son plaisir F—1546 et par l. EF; le r. G—
1547 l'en choisir C—1548 obeir A; m. et de
felon air G; qu'a Diex B—1549au *for* n'au
in G—1550 Ains A; Onc puis la leur dame
v.f. mourir B; q. Bertain avoient fait m. G—
1551 leur prist BC; trair A—1552 que D. A
—1553 Tybert A; firent o eles as B; fisent
av. ass. G—1554 paroir A; m. entierement
oir B—1555 sachez sanz mentir BEF—1556
om. F; traison A—1557 lor fet Diex C—1558
traison A; puissent fenir B—1559 *om.* B;
maintes A—1560 s. par force et par martire
CG—1561 El r. . . . Diex le doinst grant mar-
tire G—1562 ces chozes que elle i F—1564
ble et s. vin G—1567 en ont et d. G—1568
li faisoit F; Ses tresors le f. G—1569 Mais
s'ele fust bien s.. C—1570 En F; d. lempire
G—1571 Tant B; en France la serve A—1572
povoit A; ou elle pot G—1573 *om.* G—1575
En F—1576 l. a mis G—1577 t. el pais B—
1578 Encor F; qui y sont B—1580 *om.* G; dye-
menche au s. A; au s. BE—1581 Blanche-
flour A—1582 Pour A; qu'el BC, qu'il F, k'el
G—1583 on n'avons nous nul B, or n'avons
mais nul E—1584 F. Bertain G—1585 Que
BF—1588 povoir A—1590 se *for* s'il *in*
G, si F—1592 Cil F; d. valoir G—1593 si
comme dist l'e. G—1596 m. moult avoit bon
memoire C; m. ne fait pas a mecroire G;
Pour A—1597-9 *om.* G—1597 Ne sembloit
mie c. C; ceus A—1599 Qui F; saroient mie
C.

1601 montez A—1603 devez A—1605 mesa-
giers G—1606 n'i a ABCEFG—1608 Floure
. . . livré G—1609 regardé AEF; brise . . .
resgarde G; quasse la c. s'a el brief esgardé
B—1610 Que .i. de s. enfans . . . Floures G—
1611 Blanche A—1612 b. trouvoit G; trouva
B—1614 Et que il n'ont nul h. G—1615 Quar
il G; *om.* B—1616 tant ont d'amisté B; de
bonte F—1618 Lors assist B; t.con ont B—
1619 message FG—1620 m. dehe A—1623 s.
moult l'en a honnore—1624 enz A—1625 Qu'il
. . . Floure G—1626 qu'il t. G—1631 maiste
G; les confonde B—1632 assez G; li messages
ot a la d. G—1633 quant a disné C; le r. l'enm.
et puis si a disne G—1634 l'endemaim a il
donc sejourne F; a court s. G—1635 a matin
B—1640 seelee A; li ont baillie G—1641 s.
est la s. G—1642 Quant B; P. a la s. G—
1643 *om.* B; se li G—1645 Saluez A—1647 par
Virge honnore A—1649 pour A—1649 dites
li ABCEFG—1650 N'en s. EFBG; la mere
B; consirree FG—1653 son oirre a B—1654 En
F; s. point de demouree—1655 Au r. les nou-
veles b. dites et contees G; n. et dite et
racontee F—1657 lignage G—1658 Quant
rois Floires l'entent E—1659 Blancheflors A;
B. aussi en est si ad. B—1660 en mes. B; si
tres t. G—1661 K'a bien poi que de B; A p.
G—1662 Mes B; m. desconfortee G—1663 avez
A; oi mainte f. r. BF—1664 trahions et
murdres G—1665 con fausse E—1666 fist *om.*
in F—1667 le vaut faire G; Diex ne F—1668
prevols A—1669 mal faire AG; de mesfere
BC—1670 *om.* G—1671 puis en f. E; leur afaire
G—1672 tretout lor malice CEF, trestout leur
malices G—1673 si com puet el. G—1674
Blancheflours A; Bl. roine f. E; de mont
haut B—1675 de mont bon c. B—1676 delez
A; Floure G—1677 en un BC; .i. lieu de Hon-
grie G—1679 bras A; et le nace G—1680 seur

A, sour G; une aygle BEF—1681 Paour a B;
si mue B—1682 assouage A—1683 n'esrage
GBE; Tant B—1684 Blancheflour A; Bl. la
royne ot mont B, Bl. se leva moult C—1685
qu'a bien B, en bien F—1687 donnez A—1688
Q. jou en Fr. voise G—1689 no fille B—1690
partira de mi G—1691 par le cors B; St.
Remey F—1692 porrons G—1693 p. l'amour G
—1694 N'en a il B, Dont n'a il G, Et n'a il C;
pres uit a. G—1695 ne vit nous G—1697 l'entendi
li roys F.
1701 par foi le vous pl. G—1702 Ou h. ou
R. C, Ou H. ou R. en amenrrai o mi B—
1706 savez A—1707 voulez A; P. aler G; Fr.
laissier ne G—1708 vous en EF—1709 menez
A, menrres G—1710 en trestoute Hongrie
BFG—1711 alez A; k'en aillies G, ailliez BF
—1712 de mont grant compaignie B—1716
l'eut d. a ceste f. G—1717 Blancheflour A;
Bl. l'en merchie G—1718 esclarcie BC—1719
le conv. G—1721 l'a conmandee F—1722 A.
qu'elle revaingne s.m. esmaie F, Avant qu'il
le r. s.m. courouchie G; la r. B. le voie C—
1723 A gr. G; esmaie G—1725 bien portent F
—1726 vinrent EG—1727 Q. la nouele fu ens
en la terre oie G—1728 est la royne EG; le
maudie G—1730 Aincois F; m. ou CEF—
1731 Et l'ame d.l.s. ens en G—1734 maleie A
—1735 Blancheflour B—1736 haie A; Ainsi
F; roiaume honnie F—1737 asouplie A—1738
esbaubie BF—1739 v. yceste d. G—1741 Et
est F; si haute l. G—1742 ancisserie A; vielle
F—1743 est *omitted in* F—1744 Qui C; le
leur la gent B—1745 preudome A; si preudome
CG, plus riche homme F; de se que en F—
1746 Floures son pere G; flonnie [*sic*] G—
1747 n'aim A; n'ai pas F—1748 S'en sui a tel
B—1749 chastoie A—1750 rendre tout ce d.
est G—1751 la bonne gent B; est morte CE—
1752 n. me tieng F; a malbaillie C—1753
Blancheflour A; le cuer ot B; qui eut G—
1755 De qui B; les gens s. pl. d. toute pars G
—1757 voit la roine E; par la main EF; le
pr. G; Blancheflour A—1759 cheval qui me
touvoit m. B, ch. qui me trouvoit du p. C—
1760 me chevissoie B—1761 or muerent B—
1762 *om.* G; chaume buche et BCEF—1763
pour certain C, ara demain G—1764 Or la F;
t.mais pas cuite nel claim G—1766 par celui
s. C, par ce s. A, par icel s. E. par cel s. F,
par celi s. G—1767 a s. et a m. B; Je le m. G—
1768 Que ge aurai v. dou B; en ert prise G.—
1769 duel en ot c. v. G—1770 d. tantost ens
en G—1771 estrief A; en *for* l'en G—1772
quar i ai le c. tout sain C—1774 chief d'une
F; l. premier jour de s. G—1775 Blancheflour
A—1777 erent A—1778 *om.* B. n.
au c. l. est vilaine F—1779 li doinst bonne estrainne
F—1780 a l. Chaine F; q. seis G—
1782 plus blanche est que lainne CF—1783
hair A; et estrange F—1784 vient de Hongerie
G—1785 jusqu'a por d'Aquilaine F; au
port d'A. G—1786 fait putei C; tout honni et
sa C—1787 haie k. vesti drap A; qui ains v.
de laine F—1788 par sa E; l'arainne B—
1790 messages ois F—1791 Que la royne estoit
F—1792 resvaudis G—1793 ala dire B—
1794 En la ch. BG; a la s. G—1795 l'entent
s'en geta .i. faus ris B—1796 f. que f. lie s'a
gete G; s'en iert son cuer marris B—1797 Li
r. P. en est d. G—1798 s. remest G; m. est
ses B; cuers marris F—1799 n'i a lonc terme
mis G—1800 Tybert A.
1801 s'assirent F; seur .i. tapis G—1803
Blancheflour—1805 Tybers A; moult en f.
esmaris G, mont en f. esbaubis B; esbaubis
F—1806 Tybers . . . soiez si pensis A; si
pensis CEFG; soiez desconfis B—1807 est b.
et entirs C—1808 q. ma fille G—1809 pour
r. qui ABCEG; Et que pour riens qui soit
ne E—1810 tant peussiens B, poions tant C,

tant poiiemes G; fussent mis BG, soient mis
E, soit mis F—1812 Jamais n'aurions C, J.
n'ariens G—1813 Tybers . . . beneis A; no
cors C—1814 ap. tout dis G; b. i estes v.
apensee tous dis F—1815 s. nous v. G—1816
A cest B, A ce C; se tinrent G—1817 apareilliez
A—1818 se couche AEF—1819 dedenz
son BC; lit assise F; desus s. l. G—1820 *This
line is found written twice consecutively in*
C; plaine fu B—1821 trembloit BF—1822 le
confonde G—1823 vrais diex p.d. faintise C
—1824 Blancheflour A; Q. vif dyable G—
1825 soit chiex p. c. s. v. est ci e. G—1826
om. F; et pensive C; de son cuer t. e. prise
G—1827 s'est delez lui B; Pour . . . delez A—
1829 d. la vielle EG; corr., la serve ADBCF;
sav. dont je G; savez A—1830 juive C—1831
en Pise G—1832 *om.* F; en pome ou B;
Blancheflour trayrai—1833 pourveue et pourquise
A; Dou verim F; et conquise G—1834
ce cons. ABEG—1835 Pere C—1837 pour A;
que nous enfuions A—1838 piez A—1840
Conme B. AG—1841 Tout fu G—1842 aillons
B—1843 or sor pl. F; plate EG; sor nos s.
metons G—1844 p. laissons G—1845 a ce pas
GB—1847 alons AG; en Cedile i, B—1848 Tybert
A; mon cousin B; nous menrons F—
1849 que nous ne li f. A—1850 mont bien B;
pr. as usures . . . aprestons G—1851 pas que
eschaper puissons B—1852 k'arses F; sai
arse F; no malice EF, no malisse G—1854
Laissiez A—1855 enchanterons G—1856 Avant
que ceste . . . metons G—1857 moult bien G
—1858 Taisies . . . moult bien G; Gesez t.
coie car t. A; coie tres b. F; b. l'arreerons
B—1859 veus nez ni eux ne m. F; ne vis ne
B—1860 nous acusserons B—1862 Damediex
vous B—1863 ch. eschaper bien C; cest afaire
apperchut ne soiions G—1864 f. poiions G—
1865 esp. en arons BG—1866 A ce c. AB;
tinrrent G—1869 Tybert l. traitour pour A;
pour plus gr. F—1870 tout pl. s'en tourna G
—1871 v. Pepin G; part l'apella F—1872 voit
bien FB—1873 Aveiz vous se bien non ne me
c. F; ne le m.c. ja B; avez . . . celez A—
1874 mauvaisement esta EFG—1875 orendroit
se B—1876 malade a p. F; en lavera F—1878
n'i sera B; Blancheflour A—1879 li anuia B
—1881 f. vint droit si le r. G—1883 la nouvele
s'en va en la cité G; s'en va F—1884 La
dame est malade si qu'ele se morra B; en
morra G—1888 le nous G—1889 la grant
franchise C—1890 P. premiers le maria G—
1891 le porta G—1892 p. de Dieu qui l'engendra
B—1893 Quar a. pl. desloiaus ne b. G;
Que pl. d. B, Ains pl. F, K'ains A—1895 Ez
v. A—1896 Blancheflour A; n. aporta G—
1899 o soi C—1900 enf. acosta G.
1902 pr. que nus n'i d. G—1903 Blancheflour
A—1904 f. ces n. F, la nouvele G; n.
orra EF—1906 P. la male l. r. G—1907 De
siques B; De ci dusk'a G—1908 royne trouverent
F—1909 Blancheflour A; a son s. tost
r. G—1911 d. que plus n'a GC, d. n'en a
plus F—1912 pour dieu le r. J. G—1913 Dame
ge vous BF—1914 Q. le v. G; Que veniez a
nous si C—1916 Ains F; tousjours A—1918
ot irascu C—1919 cui. ce fust EF; n. ou
E—1920 Dolente A—1922 P. le pr. G; par la
BCF—1923 soiez A—1924 soiez A—1926 avez
A—1927 Ez v. l. filz A—1928 souz A—1930
honnor A—1931 Cist CEF—1932 Blancheflour
l'entent F—1934 tos li cuers F—1935 eut
de G; Blancheflour A—1936 Regarde BF—
1938 t. sachiez par verité F—1939 Dont la
gent qui B; li seurent mal gr. G: le sorent F
—1942 que il vient F—1943 drois qu'en sa
BF; g. de bonte BG—1945 s. li heure qu'elle
vint el r. G—1946 Ele gut E; m. cent et m.
G—1947 que le haterel ait ennuit desnoé AG;
Puissent le cors destruire ainz qu'il soit

avespre C; Doint que le haterel F, Doinsent le haterel ait E, Veulent B—1949 *om.* B; sont moult bien acesme C, n'i ont plus arreste G —1950 y ot A, i sont G—1951 m. et sa g. sont m. G—1952 se sont F—1955 cuer et triste E—1957 Ou el B; Qu'ele fust venue G—1958 s'en avale B, s'en alerent G, s'en alenrent F —1959 resgarda G—1960 quant el l'ot avise B, bien l'ot FG—1961 est a CEG; s'esgarde CF —1964 quarnelee A; de Monleon l.g.t. crenelee F; t. crenelee E—1965 mout par estoit F, m. est loee B; i vit q.m.est lee G—1966 vigne A—1967 en l'entree B; et Melant G; Meullent A—1968 M. Escoufflans en G—1969 en Goele BC, Gohele G; est bien E—1972 Diex ce dist la dame qui F—1974 nobles lieux F—1975 Pepins i est F; l'adestre qui mont l'a B, qui moult l'a G—1976 Et li a du r. C, Et souvent fu dou E; Floure nouveles G—1977 Sire ce dist F; qui mont estoit senee B—1978 en bonne B, et bonne F; haitiez A—1980 fust telemant d. F—1981 et grant F; atornee B—1983 n'aiez A; n'aiez a ce C, ne soiies abosmee G—1984 assez A—1985 alee A, *om. in* D—1987 entrent B; ert bien EG—1989 la grans rue G—1990 De Blanchefiour i fu mont grant la renonmee B; De maintes gens i f. G; resgardee F—1991 Pour A, Por l'amour GBCE; tele j. F—1992 en r. E—1994 el palais G—1995 enploree B; ez v. A; Margistre moult par fu G; ez v. A—1997 vint GF; Blanchefiour A—1999 le connut G—2000 le baise.

2001 Margistre G—2002 dist la vielle C; sui nee B—2003 point *om. in* B—2006 qu'elle ot BFG—2008 sont lit A; Quar G—2009 Laissie A; le r. dusk'a la matinee G; de cia E—2010 Blanchefiour A—2011 i. es cambres G—2014 en la c. BCF; bien iert B—2015 de soie et d'or F—2016 Blanchefiour A—2017 le c. G —2018 St Climent G—2020 t.seroie o v. G—2021 mes neveus—2023 sachiez r. ce sachiez vr. B—2024 ce dit li roys C—2025 Et nous ferons F; f. du tout C—2027 nul delaiement C, nul detriment G; sanz A—2028 A m. E—2032 vint G; le prent G—2033 St Vincent G—2034 ne venroiz B, n. venrez A —2035 de l'anuitement G—2036 ralez A—2038 remaindrai A—2041 B. en sa b. G—2042 vient G—2043 p. tous li EG; p. ot AEF —2044 Celui Dieu B, Jhesucris le c. G—2046 par devers l. ch. l'orde vielle F—2047 Blanchefiour A—2048 Pour A; a mese B—2049 le tormente G—2050 la bele et g. EF—2052 Tybert A; qui i mist grant e. CG, qui i met grant e. EF; T. ainsi F—2053 *om.* G—2054 l. avoit F; m. atente B—2056 Blanchefiour A; est assise E; sor F—2057 feu arde son musel A—2058 v. a molt poi de revel G—2059 pour A; St Mikiel G—2060 si mal cembel G —2061 Dont G; et joene et A—2062 sachiez A—2065 Qui tel nouvele porte maudite B—2066 o. milleurs G—2067 ele a fait si n'est B; de revel EF—2068 Blanchefiour A; qu'el revele B—2070 Aliste F—2071 je vous F; sachiez A—2072 M. soudainement s. sour EF, M. soudainement chaiens sour G; seans A—2073 le pr. sour la destre mamele G, la destre B, destre mamelle F—2074 Je sai G; cr. que en la f. B—2075 m'en deut si li ACDEF, m'en deut molt li BG; cuers et la fourcele G—2076 Car trop B; plaisans et aperte FG—2077 le fis G—2078 n. seussent n. ABCEFG—2080 la guere B—2081 Blanchefiour fu .ij. jours en B; fu *om. in* F; jours A; en cel point G; Ains F—2083 Tybers ... maleir A—2084 tous jours G; pour mieux A—2085 c. dot B; si qu'il dut G—2086 plus tenir FG; ne se vaut G; Blanchefiour A—2087 se pot BG; D'aler veoir sa G; atenir ABCF—2088 Tybert A; Trestout maugré T. G—2089 beneir A; pucellete F—2090 fenme fu E—2091 Esprist BG, Aprist F; E. .i. lonc tortin c'on G; povoit A—2092 si d'un b. f. F, si *om.* G—2093 t. cheir EFG—2094 Alez orde B, A. hors male g. G; Alez A—2095 pour A; clarté veir F—2097 Au plus fost qu'ele pot s'en B—2098 vit que l. v. iert p. B—2099 Blanchefiour A—2100 qu'el la lait B; qui tout F.

2101 lit vint a la serve se c. F; vint E; si conmence B; c. absentir G—2103 oir A; Si belement G—2104 beneir A; f. mon pere cui D. G—2105 *om.* F; Fille bien le C; doi partir C; il faisoit b.q. fui au departir G—2106 loez A; *om.* F—2107 nul loisir F; n'est ore G—2108 il m'en p. A—2109 Pour ... conjoïr A —2110 serve puis E—2111 li cuers F; n'a pas AE—2112 *om.* A; G; Blanchefiour A—2113 Blanchefiour pas ne me doit soufire B—2116 Je sui G; devenue aussi jaune c. BG—2117 clarté A—2120 p. si fort le cuer m'i t. B; p. tous li miens c. se tire G—2122 Laissiez A; Laissiez moi FG—2123 Blanchefiour A—2124 Trestous li cuers li tramble et n'ot talent de rire F—2125 dusqu'a cuer. *The* a *is added above by the same hand*; se senti GB, s'assenti F—2127 n'est pas F—2128 S'el f. G—2129 assez A; Si m'eust ele assez besiee et C; b. et ass. G—2130 que plus n'i atendi CG—2131 Blanchefiour A—2132 iki A; iqui B; Apelle F; l'atendoit F—2133 Venez ... pour A—2135 Ge B, Je E—2137 pas en obli F; Blanchefiour A—2138 chambre s'en ist et F; Ens la G—2139 ont esté F; drap et maint C—2140 pour l'amour E—2141 Voulez A; Volentiers tuer ma f. F—2142 Tais toi BEG; punaise vielle n'en f. G—2143 n'en *for* ne G —2144 Tybers A; et la vielle F; et la serve G; virent qu'il B—2145 demandez A; esbaubi B, esmari G; Ne me d. pas s. G—2146 Blanchefiour A—2148 Si le s. la dame que le serve d. G—2149 La dame voit B; Blanchefiour v. l. piez A—2150 p. ses dras hors dou l. s'en sailli B; l. a sailli G—2151 Blanchefiour A—2152 estoient plus blond F; pour verté B; m. est. bl. G—2156 Blanchefiour ... Harou F—2157 n'est pas m. F; dolente mi BF—2158 que avec C—2159 Murtrir F; murdri ont me. B. qu'amoie si B—2160 Un m. A—2161 *om.* C; Pepins se drece q. F; i courut G—2162 *om.* C;l'ont G—2163 tout en sont es. B; esbabi F—2164 Blanchefiour A; r. est forment B—2165 Pepin mont forment li B—2168 souef A—2169 nouvelle F; esragie B—2170 ce n'estoit pas F; ci estoit BEF—2173 gardez A —2174 la sale v. F—2175 l'en relieve G—2177 s'apercoit BEFG; que B. li a esté changié G —2178 traïe A; qu'ele ot B—2180 duel par pou C, duel a pou EF; qui ne marv. C—2183 Mais cis B—2184 ainsi traye ABCEFG—2185 Tybers A—2186 *om.* F; l'avoie B—2187 cui li cors Dieu maudie ACEFG, Margiste l'orde vieille pourrie B—2189 d. ne vespres ne c. G —2193 sachiez A; sachiez s'estre poist C—2194 il ne le quesist G, Qu'en nul leu la trouvast volentiers la queist C—2195 serjans A—2196 les mains B; la main mist E—2197 par robes E; Ou par pies o. p. gambes c. d. le s. G—2198 joie sourrist F, j. s'en rist G.

2201 Sachés A; t. vilainement mesprist B—2203 Kant A; Quant la v. l'entent EF; de poour en f. B—2209 gehisist A, gehist G; qu'el BCG; d. li h. G—2210 devenue et qu'ele fere en fist B—2211 le n. o. s. le m. G; Se ele fu noié ou se on la B—2212 fust que l'en fesist B; je l'otroi par Saint Crist G—2215 l'assist B, l'amist F—2217 Ce B; m. mal tans BCEFG; de tonnoile G; jour A—2218 f. ens la s. G, f. en la s. BF; s. bien p. B—2220 Sa fille que l'en Berte nonmoit adont Aliste B —2221 a Malgiste G, au val Giste B—2223 t.

bonne dame G ; ne conment le B—2224 f. om.
g. fesiste G—2225 faussetez pourquoi A ; p.
de jenesis te F ; le gesis te E—2226 om. G—
2227 t. ens en ton c. presiste G—2228 la faus-
seté d. t. c. l'apresis te B—2229 Tybert A—
2232 pourquoi aves A ; pourquoi as tant s.
BF—2233 tant lait et tant d. B ; si grant et
C, s. l. et si apert G—2235 soient tost B—
2236 avez dehez ait qui BG ; avez mal A—2237
Voire fait dist F ; qui le cuer ot B—2238 Ty-
bers A—2239 Tybers A—2240 faussetez A—
2241 fait q ; leur desserte BFG—2243 Quant
E ; avez fait C ; faite royne G—2244 A ceste
fois v. F—2245 laide perte E ; f. y av. grant
p. G ; avez A—2246 Mais ore en B ; serez
A—2248 Blancheflour A—2250 chose tant
aperte G—2251 Tybert A—2252 du cuer B ;
Sachiez A—2254 trou A, trau G ; de charete
li G ; li bouterent errant E—2255 om. F ; Les
B ; puis li c. B—2256 Pour A—2257 pour A
—2258 Delivre B, dirai voir b. B—2259 font
detriment G—2260 voiant toute BF ; v. g.
devant t. G—2261 tout aussi B—2262 l'enraia
des C ; des l'encommancemant F—2263 Et si
recogneut c. G—2267 Tybers A—2268 Tybers
A—2269 sachiez A—2270 je oi F—2272 l. a
dit la ch. t. du commencement G—2273 Tout
aussi c. m. la mist a B ; et sauvemant F—
2274 Ou b. A ; d. il i ot gr. G—2275 lyons A—
2276 La le l. G ; La laissaasmes n. F ; Nous
toute seule de gent B ; enz ou b. A—2278
tout aussi B—2279 du porc BC, don [sic] p. ;
fisent d'un cuer G—2280 A la mauvaise vielle
cui G—2284 Et com ill a la B, Et conme ill le
feroient G—2285 Trestout ce a conneu B—
2286 mille set G—2287 d. mal tourment G ; s.
cui li cors Dieu crevant F—2289 ne vint p.
ABCEFG ; mon absentement G—2290 vint
tout p. B—2291 a tel t. G—2292 Celui Dieu
B ; D. le c. q. siet el f. G—2294 Pour l'amour
BG ; amour A—2295 n'i font pas l. G—2297
le vente G—2299 pourchace A ; est que s'en
F—2300 De t. bastir B, De t. faire F.

2301 jour u A ; Ce B—2303 Dedenz A—
2304 et menee a t. G—2306 ot sour G—2307
Tybert A—2308 le fisent tr. G—2309 le fisent
s. a vent G—2310 li baron et G ; part se sont
trez B ; li ber F—2311 voulons A—2312 grans
ch. e.d.r. nus nel p. contester G—2313 voulez
A ; c. ouvrer F—2315 le t.v. comme p. G—
2316 avez A—2317 Que ses B ; doiez A—2318
por droit B ; ne v. davons F, n.v. devons E,
ne v. v. G—2319 cest jour G—2320 en cest s.
G—2324 je pas aler E—2325 serve le sot D.
G—2327 vit B—2328 vueilliez pour A—2329
A F ; si vous F—2330 vorrai A, varroie G—
2331 Pour . . . m'avez A—2332 vos B ; devez
. . . sire A—2333 fait esmasser C, f. amasser
G—2334 seront grant BEFG ; les ferai m. G
—2335 si vous F ; les ordener B ; les ferai ad.
G—2337 li ottroie F, otroie G—2338 m'oez A ;
con m'oez B, que m'orreiz F—2339 la s.
porter G—2340 charrettes A—2341 .iij. jourz
B ; l'avoir amener FG—2342 tresor et argent
E, tresor en argent F—2343 richeces A ; que
je ne sai conter B, que je ne sai nommer G
—2344 d. ne conter G ; A p. les p. on dire F ;
les puist ne dire B—2345 tres grande maniere
G—2346 c. en r. G—2347 fu fiere et F—2348
q. a moult de misere G ; Blancheflour A—2349
pour A ; Bertain est. de c. G—2350 que dirai
G—2351 bele plaisans CEFG—2352 est. es-
charse ABGE ; gens om. in BC—2353 Ore Fl.
C ; p. vo sereur et E—2355 de toute riens G
—2356 Vers Hongrie irai B—2358 dolans A ;
Se seioit roys F—2359 de son pays A ; les
gens de cest pays G ; Mont sont trestuit do-
lenz les bourjois de Paris B—2361 Bl. ar-
rester G—2362 terme quis B ; af. atournerent
G—2364 son devoir ne dut estre B, son devoir

n'en E ; Fist atourner leur oirre G ; desir for
devoir A—2367 qui ierent B ; de haut pris F
—2368 ne peut ch. G ; tant iert B ; ses cors
F—le c. G—2372 essiliez A—2373 cors
confundus et G ; essiliez A ; om. B—2374 si bas-
tard andui et B—2375 Blancheflour A—2376
le conv. G—2377 esbaubis BF ; dolens A—
2378 Blancheflour A ; Bl. del. et entreprise
GB—2379 Ha roys Pepin f. F ; com ore sui
B—2380 plaine est de g. F—2381 Comme G ;
estiiez A—2384 Je c. de grant destreche G ;
que tiree en C—2385 k'ensi G ; traison A—
2386 dusk'en A ; jusque Frise F ; si dol. . . .
en Pise G—2387 pourquoi A ; Lasse B ; pour
ne part mon c. F mon cuer s. la ch. G ; souz
ma poitrine F—2389 tousjours A—2390 d.
esprise G ; Mieulz veull m. B ; tant sui B—
2392 Maint tertre trespasserent F—2393
Blancheflour A—2394 et alé et venu G ; pour-
seu—2395 assolu A—2397 eut G ; Fl. ont
trouvé qui B—2399 Blancheflour A—2400 Ne
porent .i. mot B ; tant en s. B.

2402 Les gent F ; qui y s. G—2403 dist rois
F—2404 nostre fille G—2405 om. AG—2406
dist li r. B ; tres dous peres Jhesu F—2407
biaus sire AEF ; qu'il nous soit BF, qui nous
est G—2408 Loez en soiez G ; par la vostre
v. G—2409 nous sera BF—2411 eue A ; g.
du pais BF ; la nouv. ont seue G—2414 d.a.p.
que ne F ; que ne E—2415 Blancheflour A ;
Blanchefleur la royne de plourer s'esvertue
B—2416 l. batent leur paumes B ; pleurent
souvant F—2417 om. G ; l. desconneus E—
2418 B. il ont a. G—2422 D. confunde G ;
courre A—2423 Tybert A—2426 par yex ne
fu v. B ; fu de iex v. G—2427 de Hongrie
EF—2428 Pour A—2429 eu tant debonnairete
F—2430 Debonaire par trestout son B—2432
Que c. de Honguerie G—2433 De la C ; Ne
l'autre grant F, Ne les tr. grans douleurs G—
2434 Blancheflour A ; a ou roi B—2436 li a
dit trestout G—2437 ni for n'en G—2438 de-
denz A—2439 om. F ; Tybers A—2440 om. F ;
k'el ne peust p. G—2441 Tybers . . . coupe A ;
Et C ; Conment T. le vaut o. b. l. c. cauper G
—2442 Dieu dont et joie BG—2443 par sa d.
F—2444 en b. F, ou b. GA—2445 bestes et
mort et B—2447 de joie et E—2449 Blanche-
flour A ; qui cuer ot E—2450 Pour A—2452
Blancheflour A—2453 om. G—2454 s'en re-
vinrent F—2457 v. moult sont espoente G—
2458 Pour l'amour de leur dame ont de F ;
ont tenrement pl. AF—2459 oiez A—2461
fussiez A ; sa teste B—2462 Je croi que F—
2464 v. atournee G—2465 demandez A ; dem.
nouvelles par G—2466 de Berte seroit B ; Pour
A—2469 chose avoie B, chose en oi C—2470 sa
robe G en eut p. G—2471 Sachiez . . . assez
A ; am. pl. q. r. qui soit nee G—2472 le b. G
—2473 pensez A F—2476 p. d'iluec la matinee
G ; se departent de ABCF ; la et l'ajornee F
—2477 soen A ; t. chevauchent G—2478 lez
A ; a lieu F—2479 Ou la gentil royne Berte
fu d'euls C—2480 ot sus B—2481 se parti-
ront C ; D'iluec se G—2483 Par trestout le
pais en F—2484 Que on quiert . . . l'alosee
G—2485 Et ans F ; bois au Mans B ; Et
k'elle G—2486 .xx. j.l'ont il bien quise G ;
m. ne l'ont p. BFG—2487 n'aprisent maaille
ne G ; demie ne B ; ne demee F—2489 om. B
—2490 si en fu t. B—2491 Symons . . . foy A
—2492 en ce p. BC ; en cest F ; dont je parler,
B, d'en ci p. F—2493 Trouvames nous B, G—
2494 om. C—2495 om. C—2496 apellee belle-
ment en F ; requoi A—2497 ale et ne B.

2501 com d. G—2502 Avint droit en ce p.
B, A. en cel termine E—2503 gel vous r.
BE, je vous r. CF—2506 sachiez A ; sui ge
pas B, sui pas G—2507 Symon A ; Symon
durement s'en B—2508 li souploie BCF—2509

tenez A; t. me en G—2511 Symon A; s. grant folie feroie G, pourquoi le c. B—2512 r. et jou le vous celoie G—2514 povez A—2515 en cest b. G—2516 et jou le G; celeroie F—2519 De celer la GBC, De celle besoingne F; si les desvoie BEF, si bien les met en voie G; besoigne A—2520 tous ses biens C—2522 le cuer ot B; cuer dolant F—2524 leur Berte dit arrier et F—2525 li plaist BFG—2526 qui vous Bertain q. G; ceus A—2529 Que E; .i. denier v. C; n'en aprisent G; .i. festu vaillant F—2530 s'en revint B—2531 roy A; a cuer B—2533 m. tenrement plorant EG, m. debonnairemant F—2534 Quise avomes C, Bien quise G; moult d. G—2536 N'a en tout C—2537 ne vilain paisant; bourjois A—2538 Sergant n. G, Chareton, boschiron ne v. F—2539 Ne FG; sont les bestes A; ceus A—2540 Eglyse ne chapelle BFG, N'a moustier n'a chapelle C—2541 Que n'aions resgarde t. F; Que G—2542 mains ne savions d. C—2543 souspirant A—2544 s'en partent E; de lui mus et taisant B—2545 Quant roys Pepins voit que F—2546 De Bertain sa moillier sachiez grant duel en a C—2547 ce qu'ainssi lessa B; en eut G—2548 Tybers l'enmena E—2549 om. F—2550 Pour A; Pour le pechié de Berte chascuns F—2552 sachiez A—2556 Angieus A—2558 en ce BC —2559 a.l. tout droit la G—2560 Pour e. chevalier A—2561 avec li enmena C—2562 roy A—2563 li autre ausi FG; tuit A—2564 le premerain parla B—2565 ce dist dus Namles E; Naimmes G—2566 Nous s. du lignage d. G, Nous s. d'A. cette t. F—2567 F. le duc A; B. si G—2568 Pour A—2569 bien me c. F —2570 ne fusse c. F—2572 v. bien servir BG —2573 l'en prisa F—2574 a receuz BF, recheus G—2578 A cele heure BG; N. a la G —2579 et moult bien G; si bien s'i porta F; roy A—2580 Quar G—2583 Un jour G—2584 nus ne n'i B, nul n'i en l. G—2585 ceus A; de se t. G, de la t. F—2586 jour A—2587 et mainz autres o li F; avoec A—2590 om. B—2592 font drecer C; flouri A—2594 s'i alenti GE—2597 il au roy par le B; pour A—2598 prenez f. serez A.

2601-2 *Between these lines G adds* Fille au roi de Hongrie de s'ame ait Diex merchi—2603 Bertain G—2604 marri A, noirchi G—2605 Que jamais ne prendrai f. BG; prendrai F; ne v. a. B, je v. a. G—2606 Or nen parles jamais G—2607 Berte au gent cors signori F —2609 en merchi G—2610 en grasci G—2611 oirent A, entendent G; molt en sont es. E, furent esbaubi BF—2612 om. CF; Que si B; f. nouveles ont E—2613 om. CF; f. esbahi B; tant furent G—2614 mirent A; Q. tans fu de couchier G—2617 a juesdi B—2618 absali G—2619 li enbeli E; l'a seu G—2620 Sor A; S. son grant ch. le cerf a p. G; le cerf tant parsui B, le cerf si poursui E; bon destrier F—2625 que J. G; beneie—2626 en ce bois C—2627 Symon A—2628 fille F—2629 Lez l.m. Symon A—2630 ancisserie A—2632 abeie A—2634 archies A—2635 est B. G—2636 l'autel fu la E, l'auter s'est la FG—2637 de fin cuer G; pr. Dieu et s. FG, pr. Dieu et la Virge Marie B—2639 Pour A—2640 g. d'orguell et B—2641 Que par bien li C, Que E—2642 ch. marie G; pour A—2643 Et la g. F; toute marrie B, t. marcie C, t. esbahie G—2645 Pour A; qu'il ne la v. B—2646 fu arrier E; arrier revertie F —2648 assez A—2649 dedenz A. B. au cors tres gent G—2650 e. s'apperchoit G, S. s'apercoit BCEF—2651 h. a pris isn. G. h. prist F —2652 s'en part e. G—2653 Ez A—2654 et va querant s. G—2655 li vient BCE, li va G; li vient liemant G—2656 f. pitie l'en p. CF—2657 le salue G; om. B—2658 om. B—2659

n'aiez A; dist li rois E—2660 r. qui douce BC (cui C)—2661 Ma route en ai p. G—2662 Sauriez v. si empres F; v. ichi G—2664 Symons A—2666 v. rassenera p. E—2667 dist li rois E—2668 voit ABCE—2669 om. B—est bl. CFG—2670 D'amer B; li cors G—2671 t. errannment G—2672 coie A; que nul m. n'i e. G—2673 om. AD, BCEFG corr.—2674 om. A—2675 le prent G—2676 marement G; B. vit ce m. eut G; si ot B; ot le cuer dolant F—2677 Jhesucrist r. G—2678 jours A; qui ne F—2679 delez A; el b. G—2680 joenne A; de bele jouvente E—2681 om. G—la requiert BF (requier F)—2682 ne set pas B; vouloir A —2683 venrez A; bele et g. FG; la cite b. et g. F—2686 p. moult grant r. G—2687 homme ou pais qui F—2688 la f. d'une m. B—2690 m. est dolente G; gaymente A; se gramente C; m.se g. F; est demoree seule C—2691 P. set b. G—2692 dolente pour voir le puis jurer B—2693 roy pour A; l. ester G—2694 f. droit chi l. G—2695 assez A—2699 p. ces bois B, p. cel b. G—2700 ce li dist Berte ja nel B; je ne v. G; je n'en v. F.

2701 ceste chapelle F; veez ci EF; veez A—2703 d. vous m'oes parler G; oncle que B; Symon . . . m'oez A—2704 a. alai G—2705 Pour A—2707 la vit B, le voit G—2709 le prent G—2711 est ains F; Lui samble k. G; m. reclamer B—2712 a resgarder G—2713 tenist il mie G—2715 Belle dist Pepins F—2717 c. o. penser BCEF, c. vous sares penser; oserez A—2719 roy A—2721 Sachiez . . . k'assez A; d'avoir asseiz F—2722 p.plus n'i couvient p. G; n'en estuet douter F, n'i couvient p. B—2723 ferez A—2724 si prent ABCEFG—2725 a plourer G—2727 om. B; plus controuver F—2729 a cel s. AGE; Ou non a c. G, En non cel s.q. laissa p. F—2730 Enz . . . pour A; En la saintisme c. G—2731 puissiez A; Que la E, A la F—2732 Floire qui tant fet a loer B—2733 Bl. cui D. G; Blanchefleur de n'estuet douter B; Blancheflour A —2735 eut ne peut G; qu'il a F—2737 Desfeng . . . n'aiez A; Vous defent qu'envers B, pensee avere E—2738 soiez A—2740 mon pere G —2741 Blancheflour A—2742 escharse n'amere F—2745 Poulane A; de Grondere B —2746 desfeng A; om. B—2747 faciez A; me faites chose F; m'apere F—2749 dit la verité B—2750 l'a bien B—2752 avez A; Belle ce dist Pepins F; come aveiz c. F—2753 d'or pensse B—2754 li vint en gr. G, li vint a gre B—2755 m. Jhesucrist merchie G—2756 Symon A—2758 li a cele F—2759 ni fait G; qu'il i ait G, qu'en li ait C—2760 de ce p. ABCEF—2762 jour A; s. ens en cel bos rame G—2764 Qu'a la maison Symon F; el manoir S. ensamble sont entre G; K'enz o.m. Symon A—Symon A; A la porte G—2766 Ysabele A —2767 Pour l'amour EFG; Pour A—2768 l'aloient querant F; il l'ont reg. AC—2769 hom A; le remaine G—2770 t. esploure G—2771 v.k'el GBC (qu'el BC)—2772-77 om. C—2773 Symon A—2774 Ysabele A—2777 qu'il est F—2778 qu'il est AEG; venus ded. cel b. G; dedenz le b. entre B—2780 Symons A; P. a S. pris G—2782 l'a de cuer longuement d. G —2783 En C—2785 Symon A; Symon a dit B—2786 ce conseil BC—2788 ceste p. BEFG; ci amenee G—2789 Sire ele est n.n. B—2792 airee A—2793 la volies F—2794 Symon A—2795 l'ennoree G, l'aloee G—2796 eussiez A; Le p. G—2797 dampne G; que ne soie B—2798 eussiez A—2799 Onques ne vi C, Onques m. F; si senee BF—2799-2800 *Between these two lines G inserts:*

Certes, che dist li rois, ja n'i aiies pensee
K'ainques de moi ne fu carnelment adesee

2800 Q. li r. ot Constance moult tres bien regardee G.
2803 Sachiez A—2804 verite b. serez A; verites par la Virge honoree F—2805 l'avez A—2806 Berte clamee F; que Berte est apelee G—2807 roy A—2808 v. a boine destinee G—2809 que mensonge F; k'a m. G; gardez ... soiez A—2810 Quar estre en porriez h. et v. B; porriez A—2812 N'y . . . colour G; c. d'iaus deus n'i ait c.m. G—2814 Symons A—2816 Et que Berte m. le v. G—2817 m. loee G—2818 Quar riens n'en savions par B; n'en savons G—2820 il le tr. a une matinee G—2822 desprise AG—2825 estoit de son pais sevree B—2828 eschaufee BG—2829 Des lors E, Tres dont G—2830 Et si l. t. jours G; niece apelee ABC—2831 v. que plus en fust d. G—2833 Sachiez A; est tant plaine et f. B—2834 Et a toute s'entente a B, Et a si son F—2835 Qu'il n'ai *sic* plus preude F—2837 Symons A—2838 Puis k'ensi est que estes GB; Puis que dites que v. F—2839 Leenz C; a mon ostel EF—2842 saviens r. par la foi que vous doi A; Mais n'en savons noient p. G—2843 pas ainsi com ge le croy B; pas la foi que vous doi F—2844 savoie F—2847 *om.* F; Sire ce dist Symons savez E; Symons . . . savez A—2848 Alons F—2849 Symons A—2850 Symons avez A—2851 Si vous F; a gre B; Se il v. vient en g. G—2853 courtine mont b.v. muceroie B—2854 Bertain tout erranment ci endroit a B; endroit avec vous a F—2855 ici A—2856 li miex G—2857 r. li a dit ce est la mieudre voie F—2859 Symons A; le prent G, la prist CE—2860 en la F—2862 Que cis E—2863 d'anui A; orains en ceste voie G—2864 D. vostre ch. GB—2865 alez A; Berte il G—2867 l'aves A; m'en atenroie G—2869 Symons . . . coie A—2870 Symons A—2871 Cilz F; alez A—2872 tex n. d. Jhesucrist gr. G—2873 *is found twice in* B; le fort r. G—2874 l'avez A—2875 Plus en fust vo F—2877 je vous en pri EG; pour A—2879 d. erranment respondi B—2881 Tres dont se je vausisse l'eusse C—2884 enz A; el bois m'aqueilli G—2885 f. je croi mon cors FG, ce croi E—2886 Et p. G; ceste besoingne F; menconge je croi me g. C—2887 que g'iere ABCEF; Jou li dis que fenme iere le roi Pepin h. G, f. roy Pepin le h. B—2889 conment avoit t. F—2890 cors bien p. G; cors signouri F—2891 dedenz A—2892 con dit CFG; oi erranment me B—2893 vi *om. in* B; ne vi G—2894 De cel t. EFG—2895 la blonde l'esch. C—2896 *om.* G; Symon A—2897 i est C; n'en seut mie G; el ne le sot B—2898 Berte bien arais. C—2899 et souvent a. B—2900 courroucier A; cor. le Fil Sainte Marie E; a·courchier D, et la S.M. G.
2901 Ains F; K'elle n'en vaut c. ne tout ne en partie G; maillie ne denree A—2902 le rem. G, l'en rem. BE—2904 est erranment vers G—2905 marrie C, marie G; i a A—2907 v. en die t. sui esbaubie FG; d. trop en sui esbaubie B—2910 oi A—2911 rois n'a t. C; qu'il en rie E—2912 n'i detrie BC—2913 Symons A—2914 M. le rem. G; M. le roy maine s. B; remaine sa ch. C—2915-6 *G. inserts* Moult pesoit a la bele que il avoit laissie—2916 esloingnies A—2917 S. a apele—2918 Symon A; S. che dist li rois G—2919 tout deffin le F; P. de verte le s. G—2920 Symons A—2921 Symons G—2923 si fui e. AB; cuer qu'ainssi sui en. B—2924 sui mains afaities G—2925 Cointement G—2927 pour A—2928 par ma mes. EF—2929 Et C; M. fu souvent S. G—2930 a grans G—2931 Symon . . . savez A—2932 verres vers le M. G, vendr. vers le M. BF—2934 plus a vo BFG—2935 sachiez A—2936 mescrerres A; f. que tant nourrie aves

G; f. jamais le m. F—2937 Mes de ce qu'el le n. si torment trespenssez B; Si tost tost com jou le vi t. en fui tres. G—2938 Symons A; S. soies assures G—2939 Que ce est G—2940 ou b. AG; eut G, oi D, corr.—2941 engelee s.c. iert afamez B, af. et s.c. eng. FG—2942 en ce p. AB, en tel p. G; p. par li B; voues A—2943 cis af. E, cilz af. F—2944 voue j.m.l. mescrerres A; voue jamais le F, ja mar en douterez E—2945 Ne br. le veu G—2946 Onques F—2947 Symon—2949 savez A; este mal menes G—2952 A B; nus oublies BF; Blanchefleour A—2953 en cest bois a Bertain CE; en cest bois BF; en cel b. G—2954 Bien sai que li uns d'euls sera t.c.t. B; tournes A—2955 m. atournes G—2957 me revenres G; sachiez A—2958 Gardez A; .i. mos F—2959 m. bien me salues G—2961 Qu' ancois ne fesiez se B; faisiez . . . rien A—2963 Symons A—2964 Q.d'asses de ses gens f. li r. recouvrers *sic* G—2966 dou roi EF—2967 A sa m. en vint E—2968 ses afaires F—2969 Jhesucris aores G; *om.* B—2970 Symons . . . baisiez A—2971 A la F—2973 qui de lui iert p. B—2975 jour A—2976 Or le c. Diex li B—2977 m. moult forment G—2978 P. doucement l'en G—2979 Dit li que au C; k'a retour F—2980 se ret. G—2981 l'ama F—2983 fist tant BG; et si ala B; et tant erra E—2985 Blanchefleur A—2987 P. moult bien le G—2988 Le roi et E; li donna BCE—2989 Li r. oste C, Li r. brise G; les lettres EG; resgarda G—2990 parlute A; qu'il l'eust B—2991 Blanchefleur . . . entendez A; amie pour Dieu G—2992 loez A—2993 quar m. BG; mes cuers F—2994 si lut G—2995 Trouve . . . ala G; i a A—2997 *om.* G—2999 mais la laissie la F; le laissera G.
3000 Jusk'a . . . reconnoistera A; Floures la le reconnista E, Floure bien le cognoistera G—3001 Blanchefleour A—3002 et li G—3007 Blanchefleour A—3009 Ja mais B—3010 de Berte parlera F; Jusqua A—3011 Que ACEF; ja puis C—3012 pour A; bien l'en E—3013 esmaiez A—3014 Quar jou qui sui r. Floures aveugues v. i. G—3015 Et droit d. G—3016 Quant l'entent la royne F—3017 Et C; son oirre *om. in* F; Tout errant G—3018 Pour A—3020 f. durement l. G—3021 leva A; moult matin se leva G—3022 M. bel baron G—3024 joieeen d. BG—3026 Blanchefleur A—3028 qui a le G—3029 *om.* B—3032 Atournons n. d'a. pour G—3036 par la valee G—3037 disner si con j'ai entendu B—3038 Blanchefleur A—3039 Pour A—3040 Quar m. ne serai a. s'anchois ne l'a veu G, aaise de si qu'aura seu B; l'avera veu C—3041 *om.* C; seu AG; tantost l'ara s. G—3042 ez v. Symon A; le beneoit venu G—3043 li rent g. B—3044 voit bien l'a B—3045 en leu qui prive fu C, sous un arbre foillu G—3046 Symons est Blanchefleur A; est ma dame v. G—3047 mais tant est B—3048 menjue A; ne puet mangierne G—3049 reconneue A—3050 se est C; qu s'est EF; Sachiez A—3051 p. pour voir d. B; V. en poes b. dire G; povez . . . k'on-nours A—3054 avez A—3055 Maintes f. C—3056 la color G—3057 Respondre ne me veut G—3058 est esbaubie BF; trestoute en tressue F—3059 ajue A; a la fin B, a sa fin C; a ma fin Diex G—3060 de li jusqu'a la n. B—3061 joie a eue F—3062 c. est bien seue F; si seue G; Symons A—3064 en v. m. FG; v. mainson A—3065 pourseue A—3066 le nous G; trop l'aovns E, mout l'avons F—3068 Blanchefleour A; a maintenant mande B—3071 fu plains G—3072 Blanchefleour A—3073 cil pr. F; f. a garde FG—3074 Jusqu'a A; s. purement verite G—3075 le gaut rame G—3076 ne s'i sont C—3077 Blanchefleur A—

3079 Symons . . . si li A—3080 pour A—3081 ci roy Pepin F—3082 Blancheflour A; ou tant a G—3083 en soit aoure—3084 El se siet B —3086 qu'el trouva B; nostre a. G—3087 a sa f. E, eut s. f. G—3089 Blancheflour A; n'i font plus arre. G—3091 ont illueques tr. G—3092 ch. tantost s'est sus l. G; errannment s'est l. B, c. tot errant s'est l. C—3093 Errant G; as piez B—3094 Blancheflour A; Bl. sa mere a t. chiet G—3095 fait elle n. F; douce dame B; A. dist rois Fl. Sainte Vierge h. G—3096 Dont vint Berte B; j'ai ci retrouvee E; Es ce Berte *sic* G—3097 nous a ramenee FG; doucour le G.
3100 Blancheflour A—3102 qui leenz iert s'est iluec B; estoient s'est illuec E—3103 Q. sevent que c'est Berte grant joie ont demenee G—3104 oissiez A—3105 Ains F—3107 Loes Sire G; loez soiez A; ceste matinee F—3108 ai este pour vous F; mesestance G; pour A—3109 le m'av. G; avez A—3110 avez A—3112 Qui ore ne me soit sire a.c. E; ne me soit CF —3113 Et c. q.d.v. en fut s. G; la sainte portee A—3114 en cest j. G; soit en icest j. B, en cel j. F—3115 Jusqu'au A, Jusqu'a F; fu mont B—3116 gent le AG—3117 que on n'en ait G—3119 eut G; pour verte B—3120 mot pot d. G; A p. F—3121 v. vers Bertain B—3122 por D. f. il G; pour . . . parlez A—3123 vous crie m. GC—3124 en sa v. onques ne F; vie riens je n'en d. G—3125 Forment se merveilla B, F. se marevilla F; Berte s'esm. j. elle l'ent. G—3127 en merci CEF—3129 Blancheflour . . . conjoy G—3130 debonnere plus .c. tans que B; .c. ans plus F—3132 ce j. ABEF—3133 serjant A—3134 Gautier s. seneschal B—3135 Alez . . . soiez A; tost dist il G—3138 Grant joie i ai trouvee—3139 pourveez A—3140 jel v. G—3141 faire furent a. F; Or n. pourveons b. entalenti BC—3142 l'arreerent par verte le vous di F—3143 Blancheflour A; par fu Bl. G—3144 embracie A; tint G—3146 j. baisiee et conjoie G—3147 Symons A; Devant li v. F—3149 sus levee F—3150 pour A; B. aide Diex aie G—3151 souef A—3152 beneie A—3153 forest hautie [*sic*]—3154 il ne fussent m.f. et B; et mengie FG—3155 sui par ABEG—3156 Sachiez A; Sachiez se il ne E—3157 Blancheflour A; est *for* s'est G—3158 li rois de Honguerie G—3159 conjoie A; et de cuer G, de fin cuer B—3160 Symon A—3161 Ez A—3165 Symon A—3166 Assez A; fisent G—3167 demenerent mantir ne vous en quier F—3169 sej. ce oi EF; jours A—3170 eng. qui moult fist a prisier G—3172 eut Ch. G—3173 Symon A—3174 Lui et ses C—3175 d'or a fait c. F; M. de boins dras fait chascun apparillier G—3176 fist li r. B—3177 Symon A—3178 leur esperons BCF—3179 le branc EF; ceint A—3180 d, si les E—3181 onnour A; moultiplier G—3182 prent et sa mere f. F—3183 v. appariller G; Lui et Ps. F—3185-3263 *these verses are transposed between 3414 and 3415 in* C—3185 Et l'en v. B—3186 le p. a adrecier C—3187 Symon A—3189 Car moult av. E; f. aaisier G; avez A—3191 avez A —3192 Blancheflour G; la bele au C—3193 filles *om. in* F—3195 j. sans recouvrier G—3197 Et m. tres p. F; estoit p. G—3198 qu'il f. AC; Symon A—3199 penne doublentiere G; m. et penne F.
3200 en gracient F—3201 vrais rois E, drois roys F, he vrais r. G— 3202 faites honneur B —3203 la Virge droituriere B—3204 pre de la G; Mont s. B; s. de biaul pie m. F—3205 Pour ceus A; vint ferai F—3206 je vif G, je vis B—3208 Symon A; S. qui m. ama G, S. que m. a. BCEF—3209 amour leur G; Et ll et C; g. honneur leur porta B—3210 Symon A—3211 Symon A—3212 biens seans A—3213 Ysabel A—3214 ch. donna G—3215 Symons A —3216 *om.* F; Et lui et B—3217 f. nus n'en i demoura B—3219 de Jhesucrist G; *om.* F; en salua E—3220 chascune F—3221 les delivra F—3224 toit el mi BC, t. ens ou mi G—3225 l'ainsne AB; la porta C, les porta F; labliaus . . . fils porta G—3226 l'en b. B, on presenta G, .i. besant a C—3227 mont garda G—3228 ses armes li charga F; Pour . . . charcha G —3239 d.ases heritez E; a donne G—3235 i ot esteiz F—3236 pour veritez B; Par n. G —3237 Sachiez . . . seuls A; n'en est uns s. G —3239 Quid. p. la royne A—3240 ne sont pas oubl. G; Blancheflour . . . oublies A; ont pas F—3241 l. donne q.m. il n'aront p. G—3242 Symons A—3243 fils A; nus remes C; f. ne n'i est nus r. G—3244 mescrerres A—3245 Il fu C—3246 et maint caveil G—3249 rende A—3250 se part F—3253 ia mais G—3254 A. aveuques nous menres G—3255 pour A; Ja m'aurai mes r. B, Ja n'aurai richesse don aiient p. F; n'averai riche cose G—3256 C. a vostre volentes G—3257 f. trestoutes a vos gres G—3258 sachiez A; lundi matin B —3259 F. maintes gens G—3261 cis du B; dou Mas F; M. liement G—3263-3416 *these lines are transposed between 3184 and 3185 in* C —3264 Deles A, Deleiz fu F—3265 Cel j. i.o; d.l. fait maint gr. froissement G; Cel CEF; mout gr. d. F—3266 sonnerent A; li son de G —3267 clergiez A; v. a l'encontre F—3268 et bien et C; et gentement G—3271 i est G—3276 *om.* F; desus G—3277 *The rest of the poem is wanting in* F—3279 Cel E—3280 *om.* G—3282 et si b. C; l'adestre G—3283 qu'ele aime B, qu'il l'aime C; l'a. moult forment G —3284 jours A; Grant joie C—3286 s'engracient forment B, s'en grascient souvent G—3288 se dep. BEG—3290 plus atente B, f. longue atente E; font plus nulle atente G —3291 Blancheflour A—3293 qui lor t. E—3294 bele et g. G—3296 Oy celles n. G—3297 et li desatalente C—3298 forment s'en AG—3299 Symon A; a donne Symon r. B; a quant li rois E; dont li r. G.
3300 Dueil A—3301 t. haut m. E; Diex sa vente E, Diex la rente A—3304 p. la gent m. E; pourcession A—3305 Et proient tout a D. G—3306 serve quel part que elessoit B—3307 Et ele et ses enf. lesquiex portez avoit B, Et lui et ses e. C—3308 pour A, par GBC—3310 Pour A; lor renvoioit ACG; Pour l'amour BG—3314 Ce n'estoit pas m. B; pas de m. E; n'ert pas C—3316 pour A;Diexi.d.E—3318 Jhesucrist gr. G—3320 m. fu sage G—3321 bonte a v. le c. G, bonte ABCE—3322 Blancheflour A; de eien en dr. G—3323 la Virge B—3324 non pas par gr. c. G—3326 plus li fet C —3327 d. et renoite CE—3329 soit la f. l'orde vieille B; l'o. garche G—3330 r. de cuer la m. G—3332 j. eurent G—3334 *om.* B—3336 a Paris C—3337 Paris est E—3339 Pour A; bien qu'il espoirent que B—3342 pourcession n.t. tuit A; t. meu G—3343 ce jour BC; m. destrier coureu B, m. bon d. c. C; Sachiez pel jour A—3345 jour A; eut cel G; ce jour B—3347 De maintes gens G—3348 l'en remainnent B—3349 che dist ch. G—3350 l'orde vieille B—3353 Blancheflour A; de grant aise A—3356 courre A—3357 pas teue B—3358 jours A—3359 mais rementeue A; noble plus courtoise n. G—3360 ou A—3361 dou r. ABCE, le r. G—3362 Blancheflour A—3364 vous venir M, q. revint B; Ez A—3367 de vouche un tout seul m. s. G—3368 puisse je ourer B, veul jou aor. G; aourer A—3371 c. ne le p. pas c. G—3372 ou b. AG; l'en menerent G; pour F—3375 vous reschapa c. o. raconter B; raconter G—3377 ne volt B, plus n'i v. G—3378 Devant G—3380 veuilliez A;

Chou est que G, Ce est que B—3384 s. l'os
bien j. G—3385 Tybers . . . couper A—3386
v. de tout f. B, v. du t. f. G; Symon A—
3387 Et de tout mon afaire G—3389 mars
d'argent le E; an l'a bien fait ass. B, an
bien le fait ass. G—3390 a loer *om. in* C—
3391 roy A; b. le p. sor le soller CA, b. la
jambe et le s. B, b. de son p. le s. E—3392
genouls A; *om.* B—3394 m'oez A; ch. ch'aves
oi c. G—3395 Blancheflour A—3396 pour A;
f. quant en o. G, qu'il en o. B—3397 Pour
A—3398 ne soit demourer B—3399 r. en mont
g. B; gr. paour e. ABCEG.
3400 Tybers A; qui fu G—3401 vouloit A;
La t. des espaulles me vouloit le fel rere B—
3402 Je v. G—3403 eussiez A; pensee avere
A—3404 conme av. Tybers q.e. traitre A; qui
fu G—3408 Mais du g. B; serai mais av. G—
3410 s. ma douce B; de tous max pardonnere
G—3413 les tint en E; Blancheflour A—3414
eut M. G—3415 enz A; en cel r. G, en son r.
B—3416 pas a piece raconte; mie en gr. G;
aconté ABCG, encontre D, *corr.*—3417 que on
presente B—3418 P. et a as H. donne G—3419
mont a de B—3420 lor A; un lundi m. G—
3421 Paris et m. BE—3422 Blancheflour B—
3423 Toutes gens uns et autres qui B—3424
Tout les beneissoient G—3426 dusk'a . . .
jours A—3427 jours A—3428 droit de B;
verite BC—3429 Blancheflour A; Bertain G
—3431 Au prendre le cong. G—3436 leur A;
reportee B, apportee G—3437 loez A; la
Vierge honneree G—3438-3444 *om.* B—3440
Pour A—3444 raison A—3445 iert hons de b.
B; bonne A—3446 Blancheflour A—3447
abeie A—3448 l'onnour A—3449 D. ot r.
ABCEG; Pour A—3450 de ce p. B, de cel.... p.
E—3452 l'abaie de V. B; V. clamee E; l'abeie
A—3454 Blancheflour A—3456 Et de Bertain
cui ausi que D. a ramenee d. G—3457 pour
. . . pour A; toute es. E; emplouree B;
toute esgaree G—3459 P. sans nulle demouree
G—3461 n'i fisent G—3462 Symon et conjoi
A—3464 Ysabel A—3466 La serve ABCEG;
est a G—3467 Rainfrois A—3469 maintes gens
par aus deus G—3474 Orent cil une B;
Eurent il u.f. s. fu b. aprise G—3476 couardie
A—3477 Et fu C; *After this line B has the
following*:
    Apres orent Constance en cui fu courtoisie
    Et noblesse et valeur sanz nule vilonie
3479 envaie A; f. as p. m. grans e. G—3480
loys A—3481 *om.* B—3482 decoupe A—3484
sus la g. G—3485 *After this last line B adds*:
    Puis vint .i. autre Challes le maisne qu'en
        Hongrie
    Ainssi come Dieu vout soufri tel maladie
    Que a grant paine en fu sanez jour de sa vie.
After this same line G has added:
    Diex absoille Pepin, Bertain, et lor lignie.—
    Amen.
*Col**o**phon* Explicit *om.* EF, Si fin de Berte
aus grans piez et conmence de son fil Chal-
lemaine qui fu emperreres de Rome B, Ex-
plicit le romnant de Berte C, Explicit de
Berte as grans pies A, Explicit li rommans
de Bertain as grans pies G.

TABLE OF PROPER NAMES

Adam The first man. 1766.
Aëlit, Aëlis Sister of Berte; daughter of Floire; wife of the Duke of Saxony. 783, 1335.
Aiglente Daughter of Simon the road overseer. 1240, 1389, 1403, 1409, 2766, etc.
Alemaigne 115, 230, 2566.
Alemant 163.
Aliste Daughter of Margiste. 157, 185, 194, 353, 685, etc.
—Alistete 329, 2070.
Amant Saint, invoked. 2534.
Angiers Angers, 2556.
Anjou 2557.
Aquitaine 1785.
Ardenne 232.
Ardenois Inhabitants of Ardenne. 1519.
Argoise 1525.
Arrabis (The) Arabs. 161.
Aussai Alsace. 1191, 1384, 2824.
Baiviere Bavaria. 237, 618.
Baltazar One of the Three Wise Men. 716.
Barbe Saint, invoked. 889.
Berte, Bertain Daughter of Floire and Blancheflor; wife of Pepin; mother of Charlemagne. 11, 17, 109, 134, 152, etc.
Bethleen, Bethleem 479, 1331, 3128.
Blancheflor, Blancheflour Queen of Hungary; mother of Queen Berte. 123, 203, 225, 696, 754, etc.
Borgogne 1514.
Brabençon Inhabitants of Brabant, Belgian province. 1519.
Brandebourc A country. 785.
Çaine. Last Supper. 1780.
Calabre 1847.
Cambrai 1388.
Cambresis The country of Cambrai. 1803.
Carlemans Son of Charles Martel. 40.
Champenois 1514.
Charlemaine Emperor, King of France. 2581, 3172, 3478.
Charle(s) Martel, Martiaus 25, 37, 52, 72, 85, etc.
Climent Saint, invoked. 257, 2033.
Colongne 1515.
Conflans Conflans-Sainte-Honorine (Seine-et-Oise, arr. of Versailles). 1968.
Constance Wife of Simon the road overseer. 1129, 1215, 1229, 1238, 1253, etc.
Daniel The prophet 2064.
Dantmartin (en Goiele) Dammartin - en - Goële (Seine-et-Marne, arr. of Meaux). 1969.
Delphur 1002.
Dinoe Danube. 839.
Elaine Helen of Troy. 1277, 1782.
Eloy Saint, invoked. 2842.
Engerrans de Montcler French baron. 105.
Englois (The) English. 1514.
Eür Fate. 855.
Evain Eve, the first woman. 1766.
Flamanc, Flamenc (The) Flemish. 1514, 1519.
Floire, Floires King of Hungary; husband of Blancheflor; father of Berte. 170, 243, 696, 781, 1435, etc.
Florimés The house of Simon the road overseer. 2967, 3231, 3259.
Foucon On the side of Girart de Roussillon. 26.
Franc, Frans (The) French. 160, 1517.
France 23, 87, 155, 218, 327, etc.
François (The) French. 125, 1511, 1619, 3406; *adj.* 1527, 1712, 1889; French language 157.
Frise 815, 1831, 2386.
Fromont Son of Hardré; brother of Guillaume de Monclin; Lord of Lens. 91.
Gale Wales. 738.
Garnier Minstrel. 295.
Gautier Minstrel. 294.
Gautier One of Pepin's marshals. 3134.
Gerart Girart de Roussillon. 26.
Gerbert Son of a daughter of Aimeri de Narbonne; brother of Gérin. 90.
Gerin Eldest son of Bégon de Belin. 90.
Germain Saint, invoked. 1261, 1773.
Gille Gille d'Aiglant, mother of Roland. 3171.
Glausur Count, Lord of Namur and Saumur; died in Syria. 997.
Godefrois One of Pepin's sergeants. 588.
Godefrois Son of King Floire; Lord of Poland. 1502, 1524.
Goiele See Dantmartin. 1969.
Grant Rue Rue Saint Denis in Paris. 2238, 2308, 3348.

Grontere 137, 2745.
Guithechins King of the Saxons. 1511.
Hainau Hainaut, Belgian province. 247.
Henri One of Pepin's sergeants. 3133.
Heudri, Heudris Son of Pepin and the servant Aliste; brother of Rainfroi. 407, 1468, 1492, 1700, 1702, etc.
—Heudriet 1586, 1649.
Hongrie, Honguerie 107, 113, 117, 155, 226, etc.
Hongrois 693, 2391, 3418.
Hongroise (la terre—). 1677.
Hurepois Inhabitants of Anjou and adjacent areas. 1518.
Jaspar One of the Three Wise Men. 715.
Jehan, (Saint) Saint John's Day (June 25). 36, 2395.
Jhesus, Jhesu 685, 938, 1287, 1431, 1444, etc.
Judas 690.
Juïse Jewess. 1830.
Julïen, Julïens Saint. The Hospitaler, invoked. 730, 973.
Justamons, Justamont Saracen King, usurper of Saxony; killed by Pepin. 1510, 1512.
Katerine Saint, invoked. 890.
Lombardie 55.
Longi Longinus. 1431.
Lutise City and kingdom of the Lutis (Saracens). 803.
Maine (Le) 1267.
Malvoisin Son of Doön le Veneur; on the side of the Lotharingians. 90.
Mans (Le) 581, 881, 1074, 2464, 2576, etc.
Marcel Saint, invoked. 2059.
Margain Wife of a peasant. 1760.
Margiste Berte's servant; mother of Aliste. 184, 285, 307, 511, 615, etc.
Marie Saint Mary, mother of Jesus, mentioned or invoked. 2637, 2900, 3349.
Marli Marly-le-Roy (Seine-et-Oise, arr. of Versailles). 1968.
Melcior One of the Three Wise Men. 716.
Meulens Meulan (Seine-et-Oise, arr. of Versailles). 1967.
Milon d'Aiglant Husband of a sister (Berte, *alias* Gille) of Charlemagne; father of Roland. 3475.
Minclo Stream in the forest of Le Mans. 823. (Perhaps this is the Narais in the present-day Bois de Loudon. P. Paris thought it was the Fessart.)
Montfaucon Hill and gallows near Paris, today the Buttes-Chaumont. 2309.
Montleheri Montlhéry (Seine-et-Oise, arr. of Corbeil). 1964.
Montmartre Hill near Paris. 1897, 1907, 1961, 2329, 2339, etc.
Montmorenci Near Paris. 1968.
Montpellier 335.
Morant, Morans One of Pepin's sergeants. 587, 603, 611, 627, 641, etc.
Muese—The Meuse river. 233.
Namles, Namlon Duke; Charlemagne's chief adviser. 237, 239, 2562, 2565, 2573, etc.
Namur 241, 996.
Nicholai Duke of Saxony. 199.
Nicholai Saint, invoked. 1394.
Normendie 52.
Octrente Otranto, city in southern Italy. 273.
Omer Saint, invoked. 106, 2322.
Orlenois Orléanais, province in France. 1513.
Paris 5, 38, 153, 250, 266, etc.
Pasque Easter 1688.
Pentacouste Pentecost. 2575, 2583, 2586.
Pepin, Pepins Pépin le Bref, father of Charlemagne.
Piere Saint Peter, the Apostle, mentioned. 352. Invoked. 617, 981, 3200.
Poissi Poissy (Seine-et-Oise, arr. de Versailles). 1967.
Pontoise Pontoise (Seine-et-Oise). 1967.
Poulenne, Polenne Poland. 137, 2745.
Puille Apulia, province in southern Italy. 1847.
Rainfroi, Rainfrois Son of Pepin and the servant Aliste; brother of Heudri. 406, 1467, 1491, 1700, 1702, etc.
Remi Saint, invoked. 2129, 3137.
Renier One of Pepin's sergeants. 588.
Richier Saint, invoked. 312, 583, 947, 3187.
Rin The Rhine river. 231, 879.
Rollant Nephew of Charlemagne; grandson of Berte. 3171, 3476.
Rostemont (sur Muese). Former name, probably imaginary, of Namur. 233, 246.

Saine   The Seine river. 1776, 1965.
Saint Denis, Saint Denise.   Abbey and town near Paris. 7, 154, 201, 810, 902, etc.
Saint Esperite   1351.
Saint Herbert   Locality on the Rhine, today Deuz, opposite Cologne. 231, 879.
Saint Martin   Abbey of Tours. 1637.
S a i n t   Quentin   Saint - Quentin (Aisne). 3426, 3428.
Sarrazin   (The) Saracens. 915.
Sarrazinois *adj.*   Saracen. 1507.
Sassoigne, Sassongne   Saxony. 199, 784, 1507, 1516, 2744.
Sassoignois   (The) Saxons. 1506.
Saumur   999.
Savari   Monk of Saint-Denis. 8.
Senlis   2376.
Sezile   Sicily. 1847.
Strigon   118.
Sur   City in Syria, the former Tyr. 1000.
Surie   Syria. 1745.
Simon, Simons, Symon, Symons   Road overseer. 1128, 1168, 1178, 1182, 1186, etc.
Symons   Saint, invoked. 662.
Tessale   Thessaly. 737.
Tibert, Tibers, Tybert, Tybers   Cousin of the servant Margiste. 187, 354, 360, 394, 410, etc.
Tierri   Chamberlain of King Pepin. 3134.
Tours   1388, 1604, 1634.
Turc, Turs   Saracens. 164, 2589.
Tyois   North Germans. 160, 1517; *adj.* 148.
Valberte   An abbey in Maine. 3452.
Valgiste   Native country of Aliste, in Hungary. 2221.
Vermandois   County in Saint-Quentin. 247.
Vincent   Saint, invoked. 1222, 2018, 2268.
Wandre   (The) Vandals. 32.
Ysabel, Isabel, Ysabiau, Ysabiaus   Daughter of Simon the road overseer. 1240, 1385, 1397, 2766, 2774, etc.

GLOSSARY [1]

A

abaubi astounded, numbed 782, 1339, 1738, 2145, 2377, 2613
[acener] greet 1871
acesmeement elegantly 3278
[acesmer] dress elegantly 1988; ornament 3337
acointier make acquainted 9, 313, 1889; make up, concoct 578
[acoisier] *refl.* keep silent 1532
acouter lean forward on elbows 2704
[acueillir] betake 115, 551
acueilloite attacked 773
acuit proof of blamelessness 902
adenter *refl.* lie face down 1252, 2305
adeser touch 75, 2731
adestrer accompany 1900, 1952
adolé grieved, distressed 2427; f. 1164, 1659
adont then 160
[adrecier] protect 3299
adroite upright 765, 3320
aé life 1098; age 1936
afamé hungry 1184
[afier] pledge 2505
[aferir] must be, be fitting 345, 613
[afruitier], *refl.* amount to, come to 924
[afubler] cloak 802, 1171
agreer a satisfy 122, 2836
ahanant laboring 2538
[aidier] se aidier de make use of 296
aigue water 498, 1188, 1429
ain 1 *sg Pres. indic. of* amer 1262, 1747; aim 2791
ainmi exclamation of grief 791, 2157
ajorner dawn 371, 409, 491
alentit weakened, despondent 1337
aler go, pass 1062, 1985; lost 1138; happen 710, 2553, 2815
aloe sky lark 859
[amenrir] decrease 1023
ancisserie age; d'ancisserie for a long time 49; lineage 1742
andeus both 1359
[anoer] tie, direct, fasten 825
[anoier] annoy 2864; anuie 1754; anuit 897
anuieusement to one's annoyance 2282
[anuitier] become night 916
[aorer] adore 1083, 2818

aouverte de disposed towards 2248
[apaier], *refl.* be satisfied 218; *not refl.* please 1412
apareillier make ready 3173, 1715
[aparer] appear 1072, 878
apensé pensive 2449, 3067
apensement judgment 256, 2285
apenseement with due reflection 2674
[apendre] depend 243, 2660
apert graceful in motion 873; en apert openly 2230
aprendre teach 151, 1383
[aquerre] overwhelm 2390
[araisnier] address, exhort 2898, 2929
arcie bow shot (about 190 yds.) 2634
ardoir burn 2266; arse 476; art 650; arge 2057
arge *Pres. subj. of* ardoir 2057
ariens we should have 1812
arreer arrange 538, 1482, 1717, 2858
arrestison delay 655
assener aim, reach, manage, provide 67, 98, 1060, 1086, 1127; come upon 2953
assentir consent, agree 362, 1248; *refl.* 6, 277
[asseoir] assign, impose 2686; assist 1476
assés much 186, 1321
asseür secure 995
assolue absolved 1300, 2425
assouploier sadden 321, 1737, 2642, 2867
[atalenter] please 274, 1237
atargier delay 300, 625
astenir, *refl.* refrain 2087
[atemprer] arrange, prepare 506
aumaire secret 1671
aumosniere charitable woman 3197; purse 357
aüner collect 2341
autressi also 3118

---

[1] This is not intended as a complete vocabulary. It will be a sufficient aid for those readers who have a moderate knowledge of Old French. We usually do not give more than two line references to common words. A complete glossary of every word and form, with full references to all occurrences, would doubtless be a help to future lexicographers but its cost of printing is much higher.

aver selfish 134
aversier devil 308
avesprir grow late 2085
ayüe aid 3059; ester en m'ayüe help 1316
ayüe *Pres. subj. of* aidier 3359

B

bachelerie young men 48
[baer] open, gape 1149; bee a desires yearns 1652
baillie possession 1463
baillier govern 327, 604, 938; handle 590; transmit 1622
[baler] danse 740
basset low 459, 1992
baudement gaily 3261
baut gay 1489
[besenter] adorn with besants or tiny circles (*heraldry*) 3226
[beter] freeze; mer betee Northern sea (?) 479
beubancerie riotousness 1712
blanchoier show white 941
bliaut tunic 593, 801
bloi blond 1495; blue 850
boe mud 857
boise piece of wood 1530
[boisier] deceive 1528
bon principal contention 2520
bourc town 154, 1508
[bouter] nudge 1940; thrust 2254; en bouter thrust out 437
brant blade, sword 571, 622
brasser brew 2060; plot 501
briement shortly 1190, 2258
bruiere heath 346, 3204
bufois pride 1512
buissonciau bush 886
[buleter] sift 1115

C

[caler] set adrift 736
[carchier] charge, bestow 876, 3228
certain sincere 1254, 1753
chaceour hunting horse 2620
chaillo pebble 828
chaloir to be of concern; chaut 324, 495; chalu 1288
chaudel a mulled wine 2060
chaÿr fall 221, 1540
cheveil hair 2413
chevissement living, necessities of life 1196
chiere countenance, face 347, 612; male chiere complaint 840
choe, chough jackdaw 846
choisir see 45, 384, 1169, 1177
chose affair 798, 924
cipoe grimace 840

clamer call; clamer cuite call quits, leave 920
clo nail 830
clungnier, *refl.* close the eyes, rest 937
coite haste 771, 3324
[coignier] compress 2255
[comparer] pay for, expiate 143, 1070; comparriés 949; comparront 2183; compere 557
compie[n]g mud puddle 1786
complie, compline ecclesiastical hour (*approximately 9 P.M.*) 2189
conjoÿr greet with pleasure 2109, 2129, 2591, 3129
conmin cumin, a spice 1563
[connoistre] make known 2285
conroi provision 1498
[consiurrer] de be deprived of 1650
contrester resist 2727
converser dwell 2557, 2699
coral in the heart 725
coupe fault, blame 472
coute mattress 932
coute elbow 1037
couvenant situation 2541
couvenir be as it is 2100; couvenir de arrange, manage 377, 1544
couvent promise 615, 660
craventer destroy 93, 526, 1197
creanter assure 2716
cremir fear 1533
creü *P. part. of* croistre increase 3051
croiz hilt 68
[cuidier] think 438, 900

D

dahé mal dahé misfortune 1620, 2236; mal dehé 440, 1954
debonaireté sweetness, kindliness 2429, 2443
[deduire] lead 921
deduit pleasure 913
defois defense 1516
[defroer] tear up 862
defroissement rattling 3265
delaier delay 305
delés beside 1380, 2679; delez 316
delit pleasure 788, 1324
demaine baron, lord 2310
[dementer], *refl.* lament 2689
denree anything at all, pennyworth of goods 2487, 2900, 3111
depané put into pieces 1172
deporter amuse, humor 2332
deputaire evil 1665, 3295
derriere behind 418, en derriere in secret 349

dervé crazy 428, 481, 1997, 2515, 3116
derver go crazy 719
derverie craziness 2908
[descloer] separate 865
desconfire defeat 164; *as a noun,* discouragement 2121
[desconnoistre], *refl.* make one's self unknown 1306
desconnoissance disguise 2823
desconvenue trouble 2417
desclorre explain 1671
descreandie heresy, faithlessness 33
desnaturé changed, put out of condition 2006
[desnoer] free 865
despert wild 882, 2232, 2242
despire despise 1569
despit scorn 1326
despite miserable woman 1342
despris unprovided for 813, 1826
desroi disorder 1515, 2498
desservir merit, treat according to deserts; recompense 557, 676; dessert 1400; desserte 812, 2240
desseuré troubled 1158
dessevrer separate 92, 2451
destalenter displease 3297; *refl.* lose desire 283
destinee par bonne destinee 1645; a b. d. 1978 auspiciously
destolu out of the way 304
destorbier vexation 309, 939
destraindre torture 2255
destroit distraught 777
[desvoier] turn aside, lead astray 1272, 2519
detraire pull 2384
detri delay 2137, 2614, 3121
detriement delay 232
detriier delay 57, 292
deut see [doloir]
devise manner 804; a devise as you would wish 172
deviser describe, narrate 114, 147; devise, plan 1110, 3221
disime tenth, every tenth 1530
divers bad 768, 3327
doctrine skill, learning 1378
[doer] endow 864
doie fingers 2859
[doloir] pain; deut 179, 2075
droit exactly 249; a droit straight 1546
droiturier dispenser of justice 994
dru intimate friend 686, 3333; drue 3053
dru, *adj.* intimate 1931; thick 958
duch Preterite, *1 sg. of* devoir 2105
[duire] fashion 898, 923
durement very much 2573, 2664

dusques as far as 173
[dyasprer] sow, sprinkle 3222

E

e and 1694
el something else 549
[embattre], *refl.* thrust oneself 1081
[embler] steal 1201
[emprendre] undertake 169
[enamer] become fond of 1449
[encloer] enclose, embrace 866
[encloer] shoe (a horse) 843
encombrier obstacle, embarrassment 307, 569
encourtiné covered across with hangings 1989; hung with tapestry 2015
encroer hang 2309
endroit right, exactly 1797; endroites 1072
enfes child 1490
[enganer] deceive 463, 1099
[engeler] freeze 2941
[engignier] trick 919, 2188, 2923
enherber poison 532, 1830, 1855, 2264
enki there 2132
ennuit last night 1140; tonight 1947, 2955
[enorter] urge, exhort 422, 546
[enpenser] think up, devise, intend 309, 443, 1108, 2761
enquenuit tonight 317
ensaigne intent 357 *see note*
ensement likewise 247, 2251
enserir nightfall 380
ente young tree 53, 276, 2045, 2056
entente effort 2052; attack 2054
enterin pure, sincere 1358, 1376
entier pure 3192
entre entre . . . et both . . . and 1552, 2187, 2342
entrués que while 626, 1465
envaïe attack, invasion 25
errannment immediately, 2254, 2652, 3274
errant immediately 492, 1862, 2326, 2879
errement adventure 1219
errer way, route 115, 551
ersoir yesterday evening 313, 357
es behold! 1895, 1927, 1995, etc.; ez 307, 347
esbahi astonished 2908
esbaniier amuse 293
esbanoi amusement 1501
eschars stingy 2742
eschevi slim 2166, 2895
[eschiver] avoid, escape 1079
eschivement escape 2893

escient mind 1216; par le mien escient according to my knowledge 261, 2666
escliste lightning 2217
escondire refuse, excuse 399
escourcier lift up the skirt, shorten 720, 955
escremir defend 2084
escroe tear, rag 844
escueilloit chosen 774
[escurer],*refl.* clear up 1020
escuser, *refl.* manage, be successful 1860
escusion putting off 1294
[esgratiner] scratch 1996
eslire choose 787, 1562, 2215
esli chosen, elite 787
esmai dismay 179
esmaier to be dismayed 324; *refl.* 210
esmari troubled 61, 2164
esmer esteem, judge, count 78, 2344
[espartir] make lightning 638
espié light lance 62, 64
espine briar 2295
espir spirit 2098
esploite situation 776
[esploitier] act 636, 648
espoenté terrified 462, 1150
espoir perhaps 2942
esponde side of bed 387
esprevier sparrow hawk 860
essart glade in a wood, uncultivated land 639
[essaucier] exalt 3480
essill trouble 772
[essillier] ravage, ruin, exile 29, 34, 793
[ester] happen to, be 1874
[estorer] establish 3451
[estouper] shut up 1857, 2014
estour battle 1001
estoutie boldness 24
[estovoir] be necessary estuet 550, etc.
estrain straw 1258, 1762
estraine gift of luck 1270, 1775
estrait extracted, descended, originated from 55, 89
estre without, against 447
estree road 1967
[estruire] construct 906, 922
[estuire] enclose 903 *See REW 8325*
euwage dwelling beside the water 1519
ez *see* es

F

faillit evil 1332
faintise deceit 171
fameilleus hungry 860

faurrai *1 sg. Fut.* of falloir 192, 1399
favele tale 2079
fel wicked 1492
felennesse furious, violent 917
fermer set up 2592
fermeté stronghold 1508
fesiste *equals* fesis 2224
festu straw 1293
feugere fern 984
fi de fi for certain 2919
fichier fix 951
fie time 1716, 2624; fiee 1482
fier wild, savage 987
fiertre reliquary 3269
finer die 84, 1371
flo weak 851
fo beech 822
force resistance 2759
forgier seduce 948
[formener] torment 1733
forment much, very much 129, 168
formiier tremble, be agitated 943
foubert silly, foolish 875
franchise nobility, politeness 167, 811
frapier agitated flight; se [mettre] au frapier flee away 954
[fremer] set, build 237, 238
[froer] break 1947

G

gaimenter, *refl.* lament 1239, 2690
garce girl, slut 492
garder guard, keep; ne garder l'eure que expect 773, 861
[garir] protect, save 618, 719; *refl.* earn a living 1760, 1850
garni rich 1479, 1705
gast devastated 346
gastiau cake (of wheat flour, honey, and oil) 911
gaudine wood 1368
gaut wood 1284
gehir tell, confess 2160, 2209, 2255, 2881
gent people 116, 229
gent attractive 272
gesir lie; gerra, *Fut.* 3009; geü *P. part.* 1310, 1916, 3035; gis 1139; jut 1221; gisés 1858
glai weed 1390
glatir howl 832
godale English ale (*with hops*) 743
goulouser covet, yearn for 2709
gouverner bring up 1167, 2316, 3383; manage 547
[graer] grant 500
graine purple dye 1777
[gresiller] hail 707

grevain harsh 1778
grever hurt 534
gris fine marten fur of bluish gray color 1362
groe talon, claw 860
groe rock 838
[guerpir] leave 59, 2892
guerredonner reward 1042, 2474
gueules red (in a coat-of-arms) 3225
guier conduct, take 2339

H

haire hair-shirt, sleeveless shirt of skin with hair side worn against the body 1430
haitié happy, cheerful 1978, 2005
hardement boldness, courage 239, 2589
haro cry demanding aid or justice (in northern French law) 375, 831, 2156
ha[r]pere harper 295
haterel neck, throat 450, 1947
herbert lodging 880
herbiere meadow 989
ho halt! 833
hoe hillock, mound 841
[hoer] dig 847
hoir heir 95, 405; oirs 1525
hontage dishonor 761
huant owl 705
[huchier] call, summon 1215
[huer] cry 705
huimain this morning 2884, 3085

I

ilueques then 457, 464
ireté heritage 1613, 2232
isnel quick 2076; adv. quickly 2058
isnelement quickly 231, 2031
ist *3 sg. Pres. ind. of* istre go out 2204, 2652

J

jonc rush 3277
[jonchier] strew 263
jornal day's work; labor 728
jouël jewel 2063, 2683
jouste near, beside 3250, etc.
jouvent youth 258
jouvente youth 1241, 2680; group of young girls 282, 2301
juïse Jewess 1830
juïse judgment 818, 2389
jus de down from 2150, 3401
label lambel (heraldry), strip of stuff 3225, 3226
lai lay 212
[laidir] ill-treat 1341
laire leave, allow 1375

lanier cowardly 359, 611, 3206
lapider stone 2323
lasté fatigue 1092
lé breadth 1959; *adj.* broad 1962, 1965
leëns there, there within 157, 1427; laëns 902
lere thief 620, 1069
lés beside, near 1007, 2869; lés a lés side by side 3251
leu wolf 705
leütere lute player 296
li her (*accented form*); par li alone 17
liement gaily 246
liste a liste all around 2219
litiere litter under horse; dung heap, rotting place 619
livree stipend 3211
[loer] advise 852, 2856
loien bond, cord 628, 445
[loiier] bind 452
[loirier] instruct 1596
lorain side strap (*helping to hold saddle and attached from breast strap to crupper*) 1771
lunoison season of full moon 481
lupart leopard 646 (*Probably Adenet thought of this as a variety of* leu *or wolf*)
lus luce (*fish*) 927

M

maillet door knocker 1086
maillie anything at all, small quantity 2488
main early 1327
[maindre] dwell; més 1448, 3235
mainsné younger son 3226
maire mayor 1668
maisnie household retainers 47, 1711, 1450, 2132
maissele jaw 2073
maistire coercion 1561
maistre herald 3223
maistrie force, coercion 1476
[maistrier] coerce 1732
male large leather bag 734
maleÿr curse 32, 1543; maleoîte 775
malmis ill treated 176, 791
maltalent wrath 2130
mant summons 360; message 1957
manaie power, protection 1415
manantie household 1449
mar in an evil hour! 424, 2936
marc eight ounce weight of silver pennies, or of gold 275, 451, 2753, 3389
marement affliction 2287; mariment 2676

[marir] be bewildered 2192, 2778
marrastre step-mother 1289, 1197
[marvier] go insane 2180
matere quality, character 140, 554
maufé devil 1946
melancolie perversity 1743
mellé graying, black and white 2794, 3088
membré well built 2784, 3455
mengüe *3 sg. Pres. ind. of* mangier 1282
menistre minister, monastic leader or founder 1110
menu, *adv.* often 1199, 2284
merir reward 1557, 2250
merit recompense, reward 1325
mes messenger 1632, 1633, 2955, 2975, 2983, 3375
mesaise discomfort, misfortune 559, 1307
mescheance ill fate 812, 2928
meschief misfortune 553, 700, 756, 782, 854, 1238
mesele female leper 2074
meseür insecurity 1003
mesiste *equivalent of* mesis *2 sg. Pret. of* mettre 2224
mestier need 584, 1316
meür reflective; de meür with reflection, concern 1005
mire 392, 1137, 1350, 2122 *see* merir
mirer se mirer reflect, concentrate 126, 2708
moillíer wife 111, 318
moncelet small heap 936
montance total, amount 1390
montepliier increase, multiply 3181
moré dark cloth 1949
mors death 342, 992
moustier church, chapel 1948
mu dumb 1314
mucier hide 331, 958
muçote hiding place 922
[muer] move, trouble 1314, 1920
musart idler 642
musel snout, mug 2057
muser faire muser occupy some one's attention 537

N

nes even 1118, 1548, 1662, 2539
nesun any, no 924; not one 1937
[netiier] clean 1481
no our 836
[noer] swim 858; a no swimming 824
[noer] knot, tie 450
noé notorious 480
noient at all 326; nient 346
noise noise 1531
noisier make a noise 573

nonchaloir metre en nonchaloir no longer care for 1576
[norrir] rear 155
nue cloud, heaven 1303, 2422, 3060, 3356

O

o *1 sg. Pres. ind.* of ouir hear 832
oirre trip, voyage, route 131, 227, 1600, 2555
ondee sudden shower 1061
or or endroit from now on 755, 1370
orains not long ago 1203
ore now 165, 1364
orrois *2 sg. Fut. of* ouir 1520; orrez *2 pl. Fut.* 523
ors bear 618
ort filthy 288, 340, 2046
otroier grant, permit 122, 331, 500, etc.
ou where 2660, etc.; ou que when 2655, etc.
[outrer] end, extend 1152
ouvrer act, work 1059

P

paigniere painter 344
par by way of the residence of 199
pardire say through 2705
paresis denier minted at Paris (four cents in our money) 1815
[parer] prepare, do, arrange 415, etc.
paroir appear; paire 1664; pere 141, 555, 2356; paru 1280; parra 3001; pert 1558
paroÿr hear completely through 1554
parteüre lot 968
passet slow walk 1214
[paumoier] handle 62
pautonnier scoundrel 576, 946
pendant slope 722, 742
penne fur 802, 3199
per mate 111
pere *3 sg. Pres. subj. of* paroir 141, 555
perchevoir perceive; perchoit 2650
perrin of stone 1365
perron mounting block 3281, 3352
pert see paroir 1558
peser weigh out 2717, 2753; sorrow, afflict 1522, 1647, 2772
piece piece; a piece never 175; grant piece a long ago 320
pinchon chaffinch 859
pis bosom 799
plenté a plenté abundantly 1077
plevir guarantee, pledge 1701, 1812
ploite fold (of a garment); route 3322

plour weeping 207
plouviner drizzle 1061
poe paw 861
poe peahen 848
poesté power 1096
poestif powerful 162, 795
poin fist 1199
poise *see* peser
poli elegant 848
pols thumb 2255
[porquerre] provide 1833
[portraire] perpetrate 1471
pou, *adv.* little 444, 788, etc.
poucin chicken 1360
[pourparler] debate, plan 478
praël meadow 2045
prendre prendre a begin to 301, 333, 511, 516
privance private matter 193
privé intimate 2973
prové confirmed 473
pueent *3 pl. Pres. ind. of* pooir 2234
pullent stinking 288, 2406
purté pure truth 3074
pute prostitute 473

Q

quens count 242
querele affair 2080
quernelé crenelated 1964
[querre] desire, wish 270, 297, etc.
quintaine target 2592
quite [clamer] forget, disavow 920, 1349

R

raconte narrative 165
[raier] shine 211, 1417; stream forth 419
rainsiau small branch 849
raisnier speak 602
raison account 3444
[raler] return 2036
ramé branchy, full of branches 1097, 1139
[ramentevoir] mention 3030, 3359
[rassaier],*refl.* begin again 220
[rassener] refind 1160, 3097
rassenement information 2663
recelee a recelee secretly 459, 475
[reclamer] implore 889, 935
recoi en recoi aside 2496; en recoite secretly 772, 3328
recorder tell 3375
recroire grow tired 1602
recuit evil 917
[refroer] torment 854
regné kingdom, country 803, 2430
rehercier repeat in detail 566

[remanoir] remain; remanrons 3139; remest 2647; remés 3237; remasus 680
[remucier] hide 1062
rendu monk 3341
renge *3 sg. Pres. subj. of* rendre 3249
[renoer] retie 845
renoiie renegade 626
rente deserts 1245, 2298; income 2686, 3299
repairier return 606, 637
repeü fed 1318
[repondre] hide 2853; repuse 651
rere cut, slice 3401
[repasser] cure 1984
respassement recovery 1225
ressoignier fear 315, 961
[retraire] withdraw, draw back, return 213, 214, 1414; relate 1663
revel joke, amusement 2067
[reveler] joke 2068
[reverser] unfold 2989
revoit wicked 770, 1492
rien thing 185; anything 400
ro hoarse 842
roncin hack, poor horse 540
rouvelent pink, rosy 2668, 2708
rouver ask 121, 483, 544

S

sachier draw 595, 622; pull 942, 2148
sage discrete, understanding 255
saie frock 221 *see note*
saignier bless, mark with the cross 326, 976
saillir spring 368, 2150
saint bells 3266
saoulu satisfied, satiated 3101
sarcleur weeder, unskilled laborer 2538
seignori graceful, lordly 3460
sele stool, chaise percée 2072
sené wise 1129, 1179, 2451
sengler wild boar 2275
sente path 286, 1249
[sevrer] sever 27
sieget little seat 841
si par un si on one condition 1699
si faitement in such a way 1186
sist *3 sg. Pret. of* seoir
soé softly 413; soef 1436
solas joy, pleasure 920
solaus sun 211
solier upstairs room 567
soller shoe 133
sonmier pack horse 734, 1843
sou 12 to 15 silver pennies (*deniers*) 1763, 1170 *see* paresis

sougite commanded, subject 1346
soutil cunning 1807
[souzduire] seduce, deceived 919;
  souduite 2188
souzploier bend, weaken 598, 2508
suer sister 200, 224, etc.
sullent wet 287
sur tart, sharp 139, 2347
sus en sus de far from 702, 1585, 2212

T

tabur drum 1008
talent desire 2042, 2068
tans weather 868, 1022
tantost immediately 1088, 1537
tarere gimlet; tro de tarere thumb screws 2254
teche burden 1577
[tendre] extend one's self 1292
termine period, time 4, 2558
terdre wipe 888, 2238
tire tire a tire at length 1565
toaille towel 1259
tolere ravisher 2738
tolir take away 366, 1507
tonlieu cattle tax 1476
tonnairre thunder 2217
traire, *refl.* withdraw, go 337, 625; *not refl.* endure 1666; bring 1933, 1938
traveillier disturb 306
trebuchier stumble, fall 597
treces tresses 2151
trenchier cut off 605
tres very; tres a mesaise much ill at ease 1660 *see note to this line*
[tresaler] faint 3006
trespasser pass through 116, 230
trespensé very thoughtful 1093, 1133, 2751
[tressuer] shudder 1934, 2415
trestorner turn aside 432, 476
trestout all 193, 253, etc.
tro hole 829, 2254
trop very 190, 197, etc.
trouble muddy 743
trousser pack up 734, 2340
tyois *See Table of Proper Names*

U

uisset little door 1085

V

vain weak 1265, 1769
veissiés *2 pl. Imp. subj. of* veoir 302, etc.
vente barter, situation 1250, 2297; price 2685, 3301
venter blow 1023, 2294, 2678
vergonder shame 1056, 3372
vertir return 1424
vespree evening 917, 2009
vielere player on viol 294
viés old 1007
[virer] turn 397
vis face 985, etc.; vis m'est it seems to me 1070
[viser] observe 426, 1624
vo your 206, 826
voe yours, *fem.* [*irregular form*] 863
voie trip, voyage, way 169
voiier road overseer; provost of the highways 1168, 1205
voute a voute with vaulted ceiling 735
vue a vue visibly, clearly 1528
vuit empty 912

The Department of Romance Studies Digital Arts and Collaboration Lab at the University of North Carolina at Chapel Hill is proud to support the digitization of the North Carolina Studies in the Romance Languages and Literatures series.

www.ingramcontent.com/pod-product-compliance
Lightning Source LLC
Chambersburg PA
CBHW020420230426
43663CB00007BA/1256